オーバーツーリズム解決論

日本の現状と改善戦略

田中俊徳

ワニブックス
PLUS 新書

はじめに

日本各地で、オーバーツーリズムが大問題になっている。

京都は外国人観光客で溢れかえり、市民の足である市バスには長蛇の列。市民が市バスを使えない事態が生じている。

富士山では、山小屋の予約を行わずに弾丸登山を行う軽装の外国人が急増し、高山病の症状等で八合目救護所の医療がひっ迫している。沖縄の海では、急増する観光客をあてこんだ偽物の〝エコツアー〟が増加し、違法駐車や水着姿で歩く観光客に地域の人が迷惑している。こうした〝エコツアー〟は、無店舗型・無保険であることも多く、地元紙も指摘するように、半グレ集団の資金源になっているケースもある（「琉球新報」2022年3月12日）。

また、近年はSNSの影響から、迷惑系ユーチューバーの観光客も登場し、各地で迷惑行為が多発している。あるスペイン人ユーチューバーは、2023年10月に新幹線のトイレに立てこもり、無賃乗車を繰り返す様子をユーチューブで世界に発信し、非難を浴びた。2023年9月には、アメリカ人ユーチューバーが、建造物への不法侵入や威力業務妨害で逮捕される事件も起こっている。性善説で成り立つ日本の安心・安全を脅かし、その様子でアクセス数を稼ぐという卑劣な行為である。オーバーツーリズムでは、混雑や渋滞のような「数」の議論に注目が集まることも多いが、迷惑系ユーチューバーのように、観光客の「質」が問題であることも多い。

オーバーツーリズムは日本だけの問題ではない。スペインのバルセロナやイタリアのヴェネツィアでは、混雑や渋滞、騒音、物価の上昇、治安への不安等から、住民たちが、オーバーツーリズムを「侵略」と表現し、断固たる対策を政府に求めるデモも発生している。

ヴェネツィアではコロナ前の2019年には年間3000万人もの観光客が訪れるようになり、地価や物価が高騰し、昔から住んでいる人々が街を出ていかざるを得ない状況が登場している。ヴェネツィア市民が「我々は観光に生かされ、殺されてもいる」(「読売新聞」２０２３年10月4日）と語るように、観光は地域にとって諸刃の剣となっている。

「オーバーツーリズム」（Overtourism）という言葉の由来は諸説あるが、２０１６年にアメリカの旅行ニュースサイトが特集を組んだことで広く知られるようになったと言われる。要は、観光客が増えすぎて、自然や街並みが壊されたり、地域の人が迷惑したりすることを指す新しい言葉である。

しかし、現象そのものは必ずしも新しいものではない。とりわけ、第二次世界大戦が終わった後の１９５０年代から70年代は、アメリカや日本をはじめとする先進諸国でモータリゼーションが進んだことで、旅行が多くの国民にとって身近となった時代である。この時代は、二度にわたるベビーブームと経済成長があり、人口が急激に増加し、人々が余暇を求めて、観光地に殺到した。

尾瀬や箱根、上高地など、日本を代表する景勝地には、ゴミがあふれ、大渋滞が生じ、自然が荒らされる事態が生じた。

現在は世界文化遺産にも登録されている京都の苔寺（西芳寺）では、１９７０年代に観光客が殺到し、苔の上を歩いて傷つけたことにより、美しい苔が枯れてしまう事態となった。これに対して、苔寺がとった戦略が面白い（第3章）。

また、１９９０年代には、まだ世界自然遺産に登録される前の小笠原諸島・南島でも、人々が無秩序な観光を行ったことで、植生が劣化し、赤土が海洋に流出、サンゴ礁に被害が生じている。これに対して、石原慎太郎・元東京都知事がとった政策も参考になる（第3章）。２０１０年には、ユネスコ世界遺産センターが発刊するWorld Heritage誌において、観光問題が特集され、「Part Threat, Part Hope（脅威であり、希望でもある）」として、その善悪両面が議論されている。

このように、オーバーツーリズムは決して近年に突然生まれたものではなく、半世紀も前から局所的に続いていた問題である。特に世界遺産や国立公園等をはじめとする観光地で課題となっていた現象であり、研究者の間では、「過剰利用」（Overuse）や「環境収容力」（Carrying Capacity）といった言葉で、その対策や戦略が検討されてきた。私は、これまで、主に世界遺産や国立公園を対象として、こうした過剰利用の抑制手法、つまり、オーバーツーリズムの解決に関する研究を行ってきた。

人々が自然や文化に触れ、感動し、学びを深めることは素晴らしいことである。観光産業は、交通機関や宿泊、飲食産業をはじめ、裾野が広く、雇用の確保や経済の活性化はもとより、自然や文化の保護に貢献することも期待される。

一方、本書で見ていくように観光客の数や行動を適切にコントロールできなければ、自然が壊れ、地域が迷惑し、観光客自身も十分に楽しむことができないという「悲劇」が生じる。最悪の場合、２０２２年に韓国・ソウルの梨泰院《イテウォン》で起こった雑踏事故のような悲劇を引き起こすことにもつながりかねない。つまり、観光客を適切にコントロールすることは、地域にとっても、自然環境にとっても、観光客自身にとっても、必要不可欠な問題である。

本書では、第1章において観光客が増えている現状、増えることでどのような迷惑や被害が生じているかについて話す。これらはすでにニュースや新聞、ウェブメディア等でも話題になっている事柄であるが、オーバーツーリズムという言葉がアイスランドの事例から発信されたことはあまり知られていない。

また、京都やバルセロナ等のオーバーツーリズムについては多くの人が書いているが、沖縄の事例が手薄なので、この部分についても詳しく書く。

第2章では、オーバーツーリズムを抑制する手法について、政策学の観点から理論的アプローチを紹介する。

たとえば、「なぜ」富士山では混雑や弾丸登山を解消することができないのか。世界の多くの国立公園において当たり前に規制できていることができていないということは、何か構造的な問題や背景があるのではないか。すでに出版されているオーバーツーリズムに関する本や記事では、現在の状況や取りうる方法についてはまとめられているが、「なぜ」こうなっているのかという分析的な視点が弱い印象を持っている。「なぜ」がわからなければ、具体的に何をどうすればよいのかがわからない。オーバーツーリズムが資源管理理論の応用であることを踏まえれば、その対処には、資源の規模と性質を分析し、地域固有の文脈を見極めることが欠かせない。

第3章では、オーバーツーリズムを抑制する手法が実際に採られている「成功事例」を紹介する。

オーバーツーリズムが課題とされる日本にあっても、西芳寺や桂離宮、知床五湖、小笠原の南島では、オーバーツーリズムへの対策が早期に導入され、一定の成功を収めている。具体的にどのような手法が用いられており、「なぜ」導入できたのかを見ていくことで、成功の条件が見えてくるはずである。既存の文献では、特に自然地域における事例が手薄なので、私自身が書いてきた論文も踏まえながら、簡潔にまとめる。

第4章では、海外に目を転じて、日本が真似したくなるような方法と戦略を論じたい。かつて日本政府の南洋庁がおかれたパラオ共和国では、外国人観光客は「自然を壊さない」ことを宣誓し、約1万5000円の入国税を支払わなければ入国ができない。外国から来た観光客がパラオの自然や住民をリスペクトするよう、上手に誘導する戦略となっている。また、かつて大日本帝国時代に一番高い山だった台湾の玉山（新高山）は、富士山とほぼ同じ標高ながら厳格な登山ルールが実施されている……等々、日本がオーバーツーリズムを克服するために知っておくべき事例が、日本の近くにもたくさん存在する。

もちろん、海外の事例を日本の文脈に安易にコピペできるわけではない。日本には日本独自の歴史や文化、価値観、さらに言えば、法律や制度、これらに基づいて形成されてきた独特な利害の構造が存在する。しかし、海外の事例を知ることで、私たちがいかに視野狭窄に陥っているかに気づくきっかけになったり、あっと驚くアイディアを得たりすることもある。そういう意味でも、海外の事例は幅広く、深く知っておく必要がある。

最後に第5章では、オーバーツーリズムを抑制するために、私たち自身が具体的に何をできるのかについて話す。オーバーツーリズムは国や自治体の問題だと思っている人も多いだろうが、オーバーツーリズムの原因は私たち自身にある。ということは、私たちの行動を変えることが、オーバーツーリズムを解決することにつながる。

人や情報の移動性が人類史上もっとも高くなっている21世紀は、政府も地域も私たちも、誰もが観光と無関係ではいられない。様々な立場や価値観を持った人々が、対話し、協力しながら観光とうまく付き合う方法を考えるきっかけになれば嬉しい。

なお、本書は新書という性格を考慮し、引用文献は最小限にとどめ、学術的な用語を控え、わかりやすい言葉に変更するなどしている。それでも引用しておいた方が良いと思われる情報源や関連情報については、各ページの脚注やコラムに入れることで、読みやすさとのバランスをとっている。

日本や世界の美しい自然と文化、人々の安らかな暮らしと幸福、そして、旅行の喜びを守るために、私たちに何ができるのかを一緒に考えたい。

目次

※本文内掲載の写真はすべて筆者が撮影したものです。

第1章　増える観光客、壊される自然、迷惑する地域

観光産業は黒字産業・成長産業である

——1950年、世界の海外旅行者数は約2500万人であった。2017年、その数は13億人に達し、2030年には18億人に達すると言われる[*1]

世界中で観光客が激増している。新型コロナウイルスの影響もあり2020年から2022年度にかけて、世界の海外旅行者は激減したが、2023年に各国で渡航規制が緩和・廃止されると、観光客が再び急増している。

日本では、2003年に「Visit Japan」と呼ばれる、外国人旅行客を増やすためのキャンペーンが開始され、2008年には観光庁が設置されるなど、外国人旅行客の誘致に本腰を入れ始めた。同年にリーマン・ショックが起こり、旅行客数は国際的にも国内的にも伸び悩むが、世界が好況に転じた2013年に第二次安倍内閣が観光立国を強く打ち出すと、同年に史上初めて訪日外国人旅行者数が1000万人を突破する。その後、訪日外国人の数はとどまることを知らず、2016年に2000万人、2018年には

３０００万人を超えた。

訪日外国人の数が１０００万人に達するまでに１９６４年の東京オリンピックから約50年かかったと仮定すれば、２０００万人まで＋３年、３０００万人までたったの＋２年で到達したことになる。その激増ぶりは明白である。

かつては世界のどこに行っても日本人がいると言われるほど、海外旅行に行く日本人が多かったが、２０１５年には訪日外国人旅行者数が出国する日本人数を上回った（図１）。つまり、海外旅行にいく日本人よりも日本にやってくる外国人観光客の方が多い時代が到来している。

観光学に「旅行収支」という言葉がある。日本人が海外で使ったお金（支出）と、外国人が日本で使ったお金（収入）を比較して、収入から支出を差し引いたものである。訪日外国人旅行者数が出国日本人数を上回った２０１５年、日本は53年ぶりに旅行収支が黒字に転じている（１兆１２１７億円の黒字）。

これらデータ一つを取ってみても、日本を訪れる外国人の数がわずか10年余りで激増

※1 UNWTO (2018) Overtourism ? Understanding and Managing Urban Tourism Growth beyond Perceptions.

図1　訪日外国人旅行者数・出国日本人数の推移

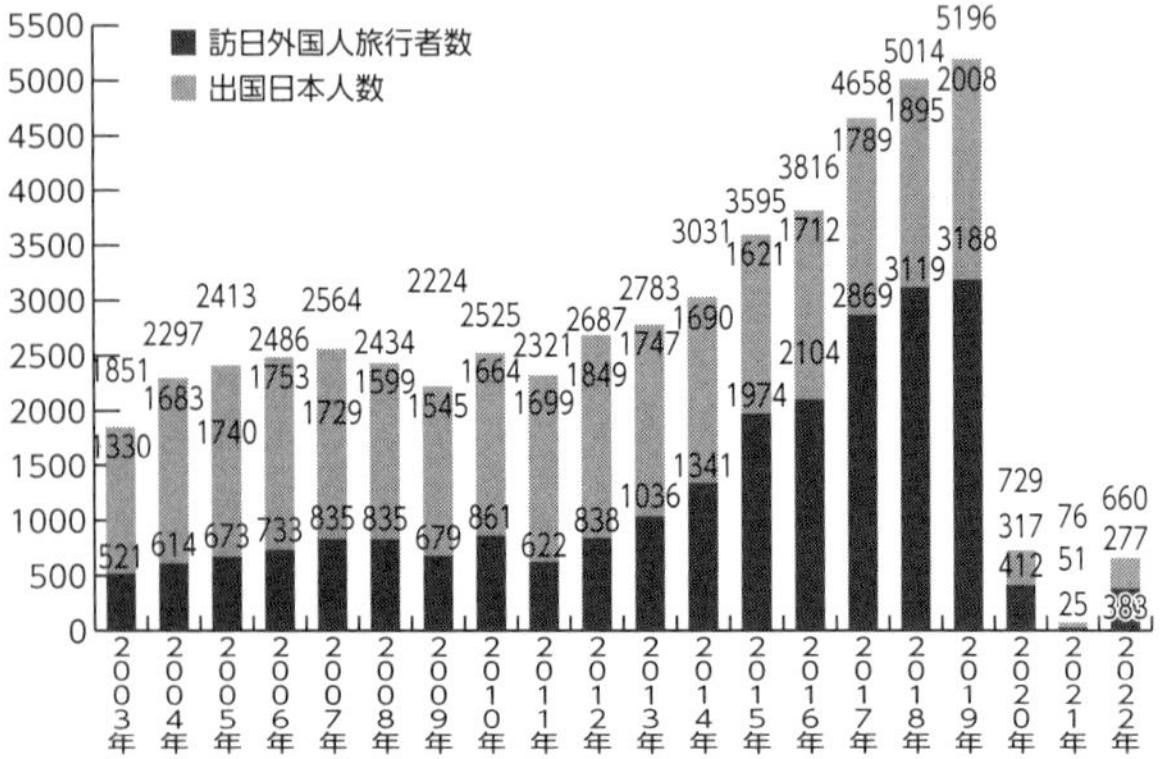

出所：観光庁

し、かつ、観光産業が日本経済に欠かせない成長のエンジンになっていることが理解できるだろう。

アイスランドから提起された新たな造語

　オーバーツーリズム（Overtourism）という言葉が世界に広く知られるようになったきっかけは、旅行業界ニュースサイトのSkift社の記事とされる。２０１２年に設立された同社は、観光産業を対象としたマーケティングや研究を行っており、２０１６年に「アイスランドと21世紀における観光の挑戦」(Andrew Sheivachman執筆)と題した報告をウェブ上に発表した。その前文では、「とりわけ人気の観光地において、適切な管理が行われなければ、観光による不可避的な負の影響、潜在的危険が生じる現象を〝オーバーツーリズム〟という言葉で提起する」と述べられている(実際に原文では、Overtourismという言葉が太字になっている)。そして、続く本文では、アイスランドが提起するオーバーツーリズムの問題について議論が行われている。ウェブサイトにしては長い文章だが、内容を簡単にまとめると下記のようになる。(原文は、次のリンクにて全文を読むことが可能。https://Skift.com/iceland-tourism/)

・アイスランドでは2008年の金融危機により国内の3大銀行が破綻するなど、深刻な経済危機があり、2010年まで深刻な不況だった。

・2010年に48万8000人だった外国人観光客は、2015年に128万9100人と264%の増加を見せた。同期間に18・8%だった観光産業の占める輸出額割合が、2015年には31%に伸びた。

・2010年におけるアイスランドの主要な輸出産品／サービスは、「アルミ＞漁業＞観光」の順番だったが、2015年には、「観光＞漁業＞アルミ」の順番となった。つまり、観光業が躍進した。
・人口35万人のアイスランドでは、100万人を超える外国人観光客から便益を得る人と、そうでない人の間で、様々な緊張関係が生じている。とりわけ、アイスランドの脆弱な交通インフラ、アイスランド人に対する社会経済的影響（物価高騰）、自然環境への影響、の3点が指摘される。
・アイスランドの伝統産業である漁業が誰の迷惑にもならないのとは異なり、観光客は、住民の使う公共交通や公共財を用いるし、あなたに話しかけてもくるだろう（アイスランド人がゼノフォビア（外国人嫌い）の傾向があることも示唆されている）。
・自然環境への影響と比べて文化的な影響はあまり報告されていないが、多くのアイスランド人にとって懸念材料である。
・アイスランド議会は、アイスランド人の人口を遥かに上回る観光客に対して、入国税や通行料のような租税の仕組みを用いることができないか検討している。

・WTTC（世界旅行ツーリズム協議会）によると、アイスランドの観光産業従事者数は2025年までに5万人を超えるとされる。

アイスランドと日本

アイスランドで提起されたオーバーツーリズムへの懸念は[*2]、日本とも共通する部分が多い。アイスランドはイギリス・ロンドンの北方約1900㎞に浮かぶ日本と同じ島国であるが、島国だからこそ育まれた独特の自然景観や豊かな文化が存在し、活発な火山活動や氷河、温泉など、観光客をひきつける観光資源に恵まれている。

アイスランドが、リーマン・ショックにより、好調だった金融業が破綻し、観光産業にシフトしたように、日本も世界を牽引する製造業が長期低落傾向にあり、「失われた

※2　なお、「オーバーツーリズム」という言葉が有名になる前から、ヴェネツィアやバルセロナ等では、観光地化がもたらす問題が指摘されている。2008年には「観光客嫌悪」（ツーリズムフォビア）という造語がスペインの全国紙に登場し、2014年には、羽目を外しに来る若年層観光客を中心とした「パーティ・ツーリスト」に対する抗議行動が起こっている。阿部大輔編（2020）『ポスト・オーバーツーリズム』学芸出版社も参照。

20年」が囁かれ始めた2000年代から、「観光立国」が強く主張されるようになってきた。

外国人観光客が増えることで、多くの雇用や経済効果を生み出すことができる一方で、観光客による混雑や物価高、開発等による自然破壊を引き起こすことが懸念されている。これは、アイスランドの事例でも報告されているように、観光産業の便益を受ける人とそうでない人の間で様々な緊張関係を生じさせている。

実際に、こうした現象は、日本におけるエコツーリズムの聖地ともいえる屋久島でも1990年代から2000年代にかけて顕著に生じている。隔絶された島国に住むアイスランド人がゼノフォビア（外国人嫌い）であることが報告でも示唆されているが、日本人も一般的にゼノフォビアの傾向がある。こうした中、3000万人を超える外国人観光客を適切にコントロールすることができなければ、観光産業から恩恵を受けない人々やオーバーツーリズムの迷惑をこうむる人々にとって、「おもてなし」は綺麗ごとで済まされる問題ではなくなるだろう。

広がる「オーバーツーリズム」

２０１８年に国連の世界観光機関（ＵＮＷＴＯ／本部はスペイン・マドリード）が、オーバーツーリズムに関する報告書を作成した。ＵＮＷＴＯは、ユネスコ（ＵＮＥＳＣＯ）や世界保健機関（ＷＨＯ）と同じく、国連の専門機関であり、いわば「国連の観光庁」である。[*3]

オーバーツーリズムの定義は機関や研究者によって様々であるが、日本の観光シンクタンクであるＪＴＢ総合研究所は、「特定の観光地において、訪問客の著しい増加等が、地域住民の生活や自然環境、景観等に対して受忍限度を超える負の影響をもたらしたり、観光客の満足度を著しく低下させるような状況」としている。つまり、オーバーツーリズムは観光客の急激な増加が、地域住民の生活、自然環境、観光客の満足度、のいずれ

※3　ユネスコは、国連教育科学文化機関の略称で、国連の文科省のような位置づけであり、コロナ禍で有名となった世界保健機関は、国連の厚労省のような位置づけである。なお、ＵＮＷＴＯは、２０２４年1月、UN Tourismに改称した。本稿では、ＵＮＷＴＯとする。

かに負の影響を与えている状況である。オーバーツーリズムの問題を解決することは、地域や自然を守るためだけではなく、原因となっている観光客自身を守るためにも、必要不可欠であることがわかる。

では、具体的にどういう場合にオーバーツーリズムに陥るのだろう？　端的に言えば、「キャパシティ（収容力）を超えた観光客が押し寄せたとき」にオーバーツーリズムとなる。では、キャパシティとは何か。ＵＮＷＴＯは次のように定義している。

物理的、経済的、社会文化的環境を破壊することなく、また、訪問者が許容できないほど満足度を低下させることなく、１カ所のデスティネーションを同時に訪れることができる最大人数

道路やトイレ、ホテル、レストラン、ビーチ、山小屋、登山道……観光地や観光インフラには、主観的か客観的かを問わず「適切な人数」というものが存在する。資源管理論や観光学では、これらをキャリング・キャパシティ（Carrying Capacity／以下、環境収容力または環境容量）と呼び、研究対象としてきた。[*4]

環境収容力と混雑

環境収容力は、一般的に「生態的収容力」と「社会的収容力」で構成され、これらのいずれか、もしくは双方がキャパシティを超えた段階で過剰利用（Overuse）と判断される。つまり、オーバーツーリズムである。

※4　生態学にも「環境収容力」の概念が存在する。「ある環境下において継続的に存在できる個体数の最大量」という意味である。環境学では、「環境を損なうことなく、受け入れることのできる人間の活動や汚染物質の量」という意味で用いられる。キャパシティ（収容力）については、元来、一定の牧草地にどの程度の家畜を放牧できるかという家畜管理の考え方から生まれている。1970年代には、日本とアメリカの国立公園において、ほぼ同時期に収容力の研究が行われている。日本では1974年に当時の環境庁から「自然公園における収容力の研究」が発表されている。興味深いのは、アメリカでは、1978年に収容力を国立公園の基本計画に組み込むことが義務化され、その後、多数の研究者により、収容力の概念や測定手法が進展したのに対して、日本では、報告書が試論にとどまり、その後の政策においても、収容力の判断基準や適応手法が定められなかった点である。詳しくは、愛甲哲也（2003）「山岳性自然公園における利用者の混雑感評価と収容力に関する研究」『北海道大学大学院農学研究科邦文紀要』25（1），61-114.

生態的収容力とは、主に自然環境やインフラをはじめとする供給面のキャパシティを指し、社会的収容力は、主にそれを利用する人間や地域社会のキャパシティだと考えればわかりやすい。収容力が低い場合、少ない人数でも過剰利用が生じる。小規模で繊細な自然環境や「ラスコーの地上絵」のように湿度や温度変化に敏感な場所がこれに該当する。また、収容力が高くても、観光客があまりに多いと、生態的影響が生じたり、観光客自身や地域社会が迷惑してしまう。たとえば、京都や鎌倉は元来、観光都市であり、収容力の高い場所だが、観光客が多すぎると現在のように「オーバーツーリズム」となってしまう。最悪の場合、自然も壊れるし、地域も観光客も迷惑に感じてしまう状況が生じる。

収容力には、座席数や室数など、客観的なものと、「混雑感」のような主観的なものが存在する。たとえば、バスの座席数やレストランの座席数、トイレの数等は、客観的数字で表すことができ、運行頻度や回転率等を掛け合わせることで、客観的な収容力をはじき出すことができる（東京大学・西成活裕教授の研究で知られる「渋滞学」も有名である）。

一方、「混雑」や「迷惑」は多分に主観的な問題である。たとえば、バスやレストラン、トイレの収容力を超えた人々は、列を作って並んだり滞留したりするわけだが、どの程度並んでいれば「混雑」と感じるかは、人それぞれである。人が並んでいる時点で混雑と感じる人もいれば、一時間くらい平気で待てる人もいる。また、有名なラーメン店に多いが、人の並ぶ列が近所の迷惑にならないように、スタッフが目を光らせ、列を上手に誘導している場合、混雑とは感じづらいだろう。逆に、スタッフの誘導がなく、無秩序な列ができてくると、並んでいる人も不安になり、近隣住民の中には迷惑に感じる人が出てくるかもしれない。そして、並んでいる人々が外国人ばかりで、聞いたことのない言葉を話していると、地域住民の不安感はさらに増すかもしれない。このように、混雑や迷惑の感じ方は、多分に属人的でありながら、管理者の有無や適切な誘導、利用者の属性等が、利用者や近隣住民の受忍限度（我慢できる限度）を引き上げる要素にもなる。

また、観光利用がどの程度、生態系や自然環境、文化財といった観光資源に悪影響を与えるかについては、理論と実証の双方から様々な研究が存在するが、一概に閾値（影響が出る・出ないの境目）を決めることができないというジレンマが存在する。なぜなら、本書でも見ていくように、観光資源にダメージを与えるのは、人の「数」というよりは、「質」であることも多いし、観光資源そのものも、台風や災害、気候変動といった様々な外的要因によって影響を受けるためである。

観光資源もいろいろ

「観光資源」と一言で言っても、世界遺産や国立公園のように広域にまたがるものから、家屋や神社のような比較的小規模な私有地、ホタルの出る小さな川やダイビングスポット、棚田まで非常に幅広い。アクセス方法も、誰もが自家用車で行ける場所から、小型のボートでしか行けない場所、10時間歩かなければ到達できないような場所まである。

「キャパシティ」とは言っても、座席数のように客観的な収容力が定まっていない場合、これを科学的に同定して一律に適用することは現実には難しい。そして、オーバーツーリズムが問題になる文脈は、こうした客観的な収容力を一概には定めづらい場所（たとえば、都市や自然観光地、登山道等）で発生している。カヤックに用いられる河川の長さや川幅が多様であるように、都市や山岳、ダイビングスポットは実に多様である。「迷惑」の度合いも当然ながら個人差や地域差が存在する。古くからの観光地で、観光産業に従事している人が多い地域では、観光客が多い状況は喜ばしいことであり、住民の受忍限度も高いだろう。一方で、昔からの観光地ではなく、観光産業に従事する人が少ない場所において、ＳＮＳ等で突如として観光客が増えると「押し寄せる」という表現になり、迷惑そのものに感じられるだろう。とりわけ、コロナ禍を経ている今、その印象は極端なものになりやすい。

市民が市バスに乗れない京都

日本国内において、オーバーツーリズムの代表例とされるのが、京都と富士山である。京都では、観光客が多すぎて住民が市バスに乗れない状況が生じている。京都市バスは、慢性的な赤字を抱えており、京都市の税金によって補填されている状況のため、京都市

交通局ニュース
市バス・地下鉄は
SDGsの達成に
貢献しています！
SDGs未来都市
京都
Do not bring large luggage on the bus !
Due to limited capacity on buses, we appreciate
your travel without large luggage on board.
Travelers with large luggage are requested to
use taxis and trains instead.
Use luggage delivery service to enjoy
"luggage-free" sightseeing.
为打造舒适的车内环境，尽可能让更多的乘客上车，
请避免把大件行李带入公交车内。
携带大件行李的乘客，请换乘出租车、电车。
或者利用“存放”“快递”行李等服务，“空手观光”
享受京都之旅。多谢大家的理解与合作！
HANDS
FREE
KYOTO
Hands Free Kyoto
どうする手荷物
指示
見える化ます

外国人向けに、大型スーツケースの持ち込みを遠慮するよう伝えるポスター

民が市バスに乗れない状況は大きな問題である。ＮＨＫの取材では、下記のような悲痛な声が聞こえてくる（２０２３年９月13日放映）。

「人がいっぱいだとバスに乗るのを見送ることもあります。私は足が悪いので座りたいですが、最近はほとんど座れていません」（市内に住む50代男性）

「キャリーケースを持ったグループの観光客がいてバスに乗ることができなくて、地下鉄を利用したこともありました。観光客と地域の住民を分けてバスを利用で

きたらいいなと思います」（市内に住む80代女性）

大型スーツケースがバスの入り口を塞ぎ、奥に人が進めないことで、バスの発車が遅れる事態も多発している。これが渋滞の主要原因にもなっているとも言われる。京都市バスでは、写真のようなポスターを各所に貼って「手ぶら観光」の普及啓発を行っているが、拘束力がないため、大型スーツケースを持ち込む観光客は後を絶たない。とりわけ、中国人はお土産をたくさん買う文化があるため、スーツケースを重用するという指摘もある（村山祥栄『京都が観光で滅びる日』ワニブックス刊　２０１９年）。京都市では、バスの増発や一日乗車券の廃止、比較的空いている地下鉄への誘導等の対策を行っているが、こうした手法のみで状況が改善するかは心もとない。

祇園の風情はどこへやら……

この他にも、「京の台所」として知られる錦市場での食べ歩きマナーやポイ捨ての問題、

迷惑行為の禁止を呼びかける看板。このものものしい看板が数メートルおきに置かれている。

舞妓で知られる祇園の花見小路で、舞妓さんの写真を撮ろうと執拗に追いかける外国人の迷惑行為が問題となっている。

錦市場は地域住民が利用する歴史ある市場であるが、近年は干物や乾物、漬物といった伝統的な商品よりも、単に儲かるという理由で、アイスクリームやスイーツを売る店が増えるなど、「京都らしさ」が失われていくパラドックスが見られる。東洋文化研究者のアレックス・カーは、これを町の「稚拙化」と呼んでいるが、表層的な市場原理が、文化の多様性や真の美しさを壊してしまう状況はオーバーツーリズムとも関係が深い問題である。[*5]

かつて、祇園の花見小路は、「一見《いちげん》さんお断り」という言葉に代表されるように、観光客が軽装で堂々と歩けるような場所ではない雰囲気が濃厚に漂っていた。今では、Tシャツに短パンの外国人観光客が、我が物顔で写真を撮りまくり、風情や格式が失われる事態に陥っている。私が京都大学にいた頃（2010年頃）、研究室の忘年会が祇園で開かれた。祇園でアルバイトをしている後輩が一見さんお断りのお店を手配してくれたが、あの頃は、祇園らしい風情がまだ濃厚にあったことを覚えている。

祇園では繁忙期に警備員を配置したり、迷惑行為の禁止を呼びかける看板を設置するなどしているが、こうした観光地然とした対応そのものが、祇園の風情や格式を失わせているようにも思われる。京都は観光客に支えられている町でもあるが、風情や情緒を理解しない観光客が殺到することによって、京都の持つ伝統や文化、格式が、蹂躙されている。京都の状況は、ヨーロッパのヴェネツィアやバルセロナのように、長い歴史と文化、強固な地域アイデンティティを持つ諸都市が観光客を「侵略」と呼ぶ状況と酷似

※5　アレックス・カーは、日本が土建国家として美しい自然と文化を破壊してきたことを批判した『犬と鬼』（講談社、2002年）でも知られる。

図2　富士山の登山者数推移

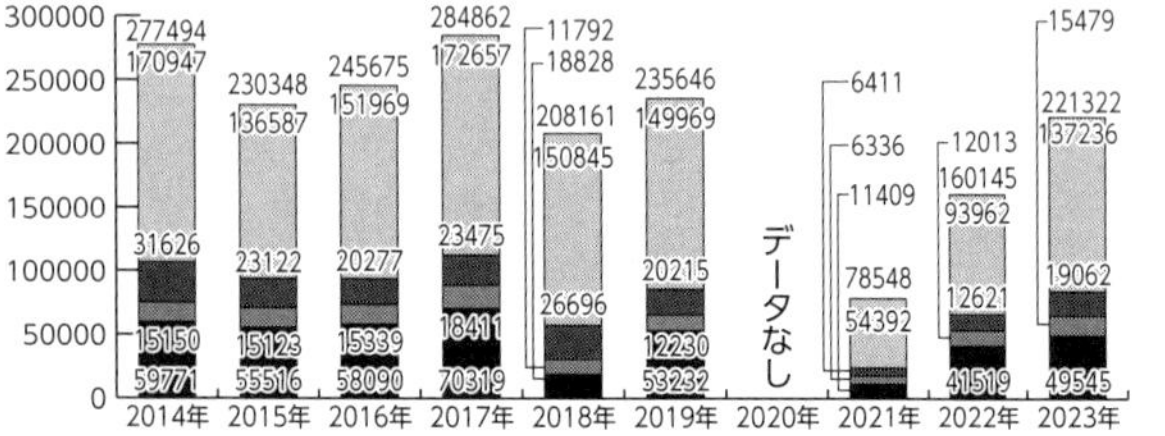

※1:2014～2015年　7/1～9/14(吉田ルート)、7/10～7/10(須走ルート、御殿場ルート、富士宮ルート)・2016～2023年　7/1～9/10(吉田ルート)、7/10～7/10(須走ルート、御殿場ルート、富士宮ルート)
※2:2014年は雪のため、御殿場ルートでは7/10に六合目まで開通、富士宮ルートでは7/10に八合目まで開通(いずれも全線開通は7/18)
※3:2018年は、富士宮ルートでカウンターの不具合による欠測期間(8/14～9/10)が発生
※4:2019年は、吉田ルートで山頂付近の崩落により、7/1に八合五勺まで開通(全線開通は7/9　15時)
※5:2020年は、新型コロナウイルスまん延防止のための閉山によりデータなし
※6:2021年は、、カウンターの不具合により御殿場ルート(7/13～14、7/28～30, 8/9, 8/18, 9/5～6)、富士宮ルート(7/10～8/3)の欠測期間が発生
※7:2022年は、カウンターの不具合により須走ルート(7/10～14)、台風・強風に伴う機器撤去により御殿場ルート(8/12～14、8/18～19)の欠測期間が発生

出所：環境省ＨＰ　　吉田ルート　須走ルート　御殿場ルート　富士宮ルート

している。

誰も止められない富士山の大混雑

富士山も深刻である。2012年の世界文化遺産登録の前から富士山の混雑は有名だったが、近年はいわゆる「弾丸登山」による体調不良者の続出、その対応に当たる人々の苦労が問題となっている。図2を見るとわかるように、オーバーツーリズムが盛んに報道された2023年の登山者数は、実は、コロナ前のほぼ全ての年よりも少なくなっている。それで

も、多くの報道が出たのは、登山者の「質」が問題になったからである。特に、外国人の技能実習生が弾丸登山を行い、山小屋や登山道の傍らで野宿を行ったり、危険な場所で火を用いるといった問題が多くのメディアやＳＮＳで指摘されている。２０２３年８月12日に新七合目付近で救助されたベトナム国籍の技能実習生の服装は、長袖シャツにスニーカーで食料すら持参していない「弾丸登山」であった。

富士山は混雑しているため、いたるところで渋滞が発生しており、停滞する時間も長い。軽装での登山は登山者を低体温症にさらしてしまう。また、渋滞の際に、登山道をはみ出したり、追い抜こうとしたりすることで、落石が発生する危険もある。実際に、２０１９年には落石により20代のロシア人女性が命を落としている。１９８０年には、富士山の吉田ルートで死者12人、負傷者29人を出す落石事故も起こっており、富士山の危険度は、多くの人が思っているより遥かに大きい。それにもかかわらず、２０２４年２月現在、富士山には、何ら規制や入山料の徴収義務化といった仕組みが存在せず、オーバーツーリズムを招いてしまっている。これは国際的な標準から考えても、異常事態である。[*6]

本書の第3章でも詳述するように、富士山や屋久島などオーバーツーリズムが懸念される有名な自然観光地はほぼ全てが「国立公園」である。通常、国立公園では、自然保護のために観光利用に際して様々なルールを策定しているが、日本の国立公園は海外とは異なり、許可制やガイド同行義務付け、入園料のような制度を採っていない。富士山も、標高3700mを超える高山でありながら、入山に際する規制は2024年2月現在、一切存在せず、誰もが許可なく無料で登ることができる山である。[*7]

日本では、法や制度によらずに、良識とモラル、思いやりによって秩序を形成する文化が存在するが、外国人観光客は必ずしも同じ文化を有しているわけではない。海外では、法に規定されていることすら守らない人が多い中で、法にも規定されていないことが守られる保証はない（コラム②参照）。これから日本の観光地は、多様な文化と価値観を持った外国人の利用者も念頭にルール作りを進める必要がある。

観光客の「質」も問題

２０１３年に富士山が世界遺産に登録された際、ユネスコの諮問機関であるイコモス（国際記念物遺跡会議）が、年間30万人にものぼる登山者の適正な管理を求めた。図２にあるように、富士山の登山者数自体は、長期的には減少傾向にある。それでも、問題が顕在化する現状は、オーバーツーリズムが、数だけではなく、利用者の「質」やコントロールの方法にもあるということを示している。これは、２００２年にユネスコ世界遺産センターから発刊された世界遺産管理マニュアル第１号「世界遺産の観光を管理す

※6　２０２３年11月29日に富士山のオーバーツーリズムについて議論する最初の会合が開催された。事務局は環境省、山梨県、静岡県の３者で、協議会の正式名称は「富士山における適正利用推進協議会」である。構成機関は事務局を務める３者に加え、林野庁、文化庁、国交省、防衛省、地元市町村、地元観光組合、旅館組合、登山組合、富士山本宮浅間大社など、地権者や利害関係者が参加している。

※7　本書の執筆が終わった後、２０２４年３月５日に山梨県議会で吉田口登山道を利用する登山者に通行料２０００円の支払いを義務付ける条例が可決。また、１日あたり利用者数が４０００人を超えた時点及び午後４時～午前３時にゲートを閉鎖することが決定した。ただし、富士山には登山道がいくつもあるため、吉田口を規制するだけで、問題解決となるかは注視する必要がある。

る」にも書かれている重要なポイントである。

特に、多様な文化や価値観を持つ国際観光客の増加を惹起する世界遺産登録では、いかにオーバーツーリズムを防ぐための効果的な仕組みを構築できるかが重要である。日本が観光立国を目指すということは、日本人とはマナーや文化、価値規範が異なる国の人々を迎えるということであり、現在のように、日本人の良識とモラル、同調圧力（世間の目）を期待した制度設計では、限界が存在することを富士山は示している。

また、富士山の登山シーズンは、7月の山開きから、わずか2カ月程度しかない。わずか2カ月で20～30万人もの人が登山するため、山頂付近は、都心のような混雑となる。アメリカで出版されたある本は、富士山を引き合いに出し、「日本の国立公園は世界でもっとも酷使されている」と指摘している。[*8] 同書が40年前の本であることを思うと、日本の進歩のなさに愕然ともする。かつて大日本帝国時代の最高峰であり、「新高山」（ニイタカヤマ）と呼ばれた台湾の玉山は、富士山とほとんど標高が変わらないが、厳格な入山許可制、入山料の徴収、事前講習の実質義務化を行っている。同程度の標高であるマレーシアのキナバル山も同様である。日本のシンボルであり、誇りでもある富士山が、現在のような利用の仕方をされていて良いはずがない。

沖縄とハワイの戦略の違い

オーバーツーリズムの文脈で語られることこそ少ないが、深刻なのが沖縄である。沖縄の産業は、かつて3K（基地、観光、公共事業）と呼ばれたが、コロナ前の2019年には、沖縄県の県内総生産に占める観光消費額の割合は20・9％に及び、日本において突出した数字となっている（二位の山梨県が10・1％なので、沖縄がいかに観光産業に依存した県になっているかわかるだろう。言うまでもなく山梨県は富士山観光の拠点である）。これは、基地関連収入（同5・5％）の約4倍であり、沖縄が基地への依存から脱却して、観光産業で自立するために推進されてきた政策の帰結でもある。

沖縄県はハワイをライバル視しており、ハワイの観光客数である1000万人の観光客を目標としてきた。2017年に初めて939万人とハワイ州の観光客（2017年

※8 Everhart, W. C.（1983）*The National Park Service*, Westview Press

に938万人）を追い抜き、2019年には、沖縄県が1016万人、ハワイ州が1028万人と肉薄した状況が続いている。

ただし、観光客の平均消費額や滞在日数では、沖縄はハワイに遠く及ばない状況である。おおまかに言えば、観光客の平均消費額がハワイの3分の1、滞在日数が2分の1である。その大きな要因が、観光戦略の違いにある。誤解を恐れずに言えば、沖縄は観光客の「数」に注力する開発途上国型のモデルを追い、ハワイは環境保全型の「質」に注力する観光に大きくシフトしようとしている。

相次ぐ違法駐車、劣化するサンゴ礁

たとえば、沖縄県恩納村にある真栄田岬には「青の洞窟」と呼ばれるシュノーケリング・ダイビングスポットが存在する。2000年代初頭には、「知る人ぞ知る」場所だったが、「青の洞窟」とネーミングされ、観光ツアーとして販売されるや否や、爆発的な人気となり、現在では、慢性的な混雑の様相を呈している。

混雑が慢性化している真栄田岬

真栄田岬には、海から船でアプローチするコースと、岬の公営駐車場から階段を下りて海に入るコースがある。駐車場は180台収容できるが、繁忙期にはすぐに満車となり、1時間程度の駐車待ちが発生することも多い。無店舗型のシュノーケリングショップ等が駐車場にワゴンを置きっぱなしにして営業しているケースがあるためである。

この恒常的な混雑により、近隣集落内で違法駐車が相次ぎ、地域住民から状況の改善を求める声が出ている。真栄田岬には、一日最大で7000人が訪れることもあるため、サンゴの踏みつけ等の生態系への影響も問題視されている（「琉球新報」２０２１年10月22日）。

また、コロナ前はインバウンド観光客の増加に伴い、中国人を対象とした法人登録をしていないと思われる事業者も多く見られ、苦情を言おうにも言葉が通じなかったり、マナー違反が目に余るといった状況が存在した。成田空港の白タク問題も然り、中国人観光客にとっては、中国語で案内される方が便利で快適なことは間違いないが、日本の関連法規に従っていないと思われるケースが散見され、喫緊の対策が必要である。

事業者のモラルも課題

真栄田岬では、違法駐車やサンゴ礁の劣化といった問題を受けて、２０２１年に初の「実証実験」が行われた。これは内閣府沖縄総合事務局が主導したもので、２０２１年11月8日から12月6日の約1カ月間、海域に入場するマリンレジャー事業者や一般利用者は、施設管理会社に届出を提出する、というものである。

実証実験では、真栄田岬公園駐車場や海域の混雑状況を改善するため、利用時間を1

人（1隻）あたり100分とし、同一時間帯の海域利用者数を200人に制限した。また、損傷しやすい種類のサンゴ礁が生息する一部区域を「進入禁止区域」に設定し、隣接地域との比較分析も行うことを目的とした。

2022年3月には、約200頁に及ぶ報告書が公開されているが、その内容は、極めて示唆に富むものである。たとえば、実証実験では、海域の利用届の提出を求めたが、利用登録に協力しなかった事業者（ショップ）が半数以上あり、「税務署へ報告するのか」といった発言や、実証実験を行う職員を恫喝する事案も発生するなど、事業者のモラルが低いことが指摘されている。その他、領収書を発行しない、案内人数の虚偽報告、迷惑行為を行う、占有行為を行う、サンゴ保全に対する意識の低さ、安全管理がなされていない等、オーバーツーリズム以前の問題とも思われる事業者が多数存在することが指摘されている。こうした悪質な事業者を排除できないのが、沖縄の現状である。

実は真栄田岬周辺は、「沖縄海岸国定公園」という自然保護区に指定されており、特に環境保全や質の高い観光利用が求められる地域である。国際的にみると、実証実験で策定された内容（利用届の提出、時間あたり利用人数や進入禁止区域の設定等）は、自然保護区では、極めて一般的な措置であるが、これすら実装することが難しい状況にある。

ハワイであれば、すぐに対策が採られるだろうが、日本では拘束力に乏しい実証実験や自主ルール、自粛要請を繰り返すことでお茶を濁すきらいがある（コラム③も参照のこと）。その間に、地域住民が迷惑し、自然が壊され、事故が起こり、観光客が遠ざかっていく……という負のスパイラルが繰り返される。これでは観光立国どころではない。

何カ所もある沖縄のオーバーツーリズム・スポット

沖縄県が日本の他地域と特に異なるのは、真栄田岬のようなオーバーツーリズムの問題を抱えているスポットがいくつも存在する点である。2012年に沖縄県が行った「早急に環境保全が必要なサイト」に関するアンケート調査では、真栄田岬に加えて、慶良間諸島、ター滝、ピナイサーラの滝、辺野古沖、八重干瀬（やびじ）、宮城海岸、米原海岸などの名前があがっている。アンケートから11年が経過しているが、これら「早急に環境保全が必要なサイト」とされた場所のうち、法に基づいた対策が予定されているのは、世界自然遺産に登録された西表島の「ピナイサーラの滝」等、ごく一部である。それ以外の地域でも、死亡事故の多さ（真栄田岬、ター滝）や半グレ集団の資金源となっているビーチなど、現在も様々な課題が指摘されているが、国や県、自治体は重い腰をあげず、今も無秩序な利用が放置されている箇所が数多く存在する。

特に、真栄田岬の実証実験でも出てきたように、事業者のモラルの低さは顕著であり、環境を守りながら真っ当なエコツアーをやりたいと考えている事業者が損をする構造になっている点は大きな課題である。

筆者の研究プロジェクトでは、エコツーリズムを実施している多くの事業者に聞き取り調査を実施しているが、「法令違反をしている事業者に注意をしたら逆に恫喝された」とか「お前、裁判したいのか」と怖い顔で言われたという話を頻繁に聞く。エコツーリズムは国立公園内で実施されていることが多いが、日本では巡視活動を行うレンジャー（自然保護官）が極めて少ないなど、本来自然を守るべき場所の利用の仕方として、多くの問題がある。また、こうした悪質な事業者は、ガイド技術や安全面の対応が不十分であるにもかかわらず派手なウェブサイトやフリーペーパーの広告を駆使し、安価な値段で観光客を集めることに長けている。本来、ガイド技術や安全面の対応をしっかりやるとツアーの金額は上がらざるを得ないが、観光客はそのことがわからないのである。

沖縄県が基地関連産業から脱却して自立したいという思いから観光産業に前のめりになってしまう状況があることは理解するが、その素晴らしい自然や文化を切り売りしてテーマパーク化してしまっては、元も子もない。京都や富士山もさることながら、沖縄こそオーバーツーリズムの問題が根深く、深刻であると筆者は考えている。

車にひかれるイリオモテヤマネコ

オーバーツーリズムが、混雑や渋滞にとどまらない事例もある。それが、イリオモテヤマネコやアマミノクロウサギ、ヤンバルクイナをはじめとする、絶滅危惧種のロードキル（車によるひき殺し）である。

2021年に世界自然遺産に登録された奄美大島では「アマミノクロウサギ」、西表島では「イリオモテヤマネコ」などの観察ツアーが人気となっている。世界遺産の登録効果もあって、観光客が増えてきているが、国の特別天然記念物に指定されているこの二種はともに夜行性であるため、ナイトツアーが増加している。科学的な因果関係はまだ証明されていないが、ナイトツアーの人気等もあって交通量が増加し、ロードキルが増えていると推測されている。

２０１８年には、環境省と竹富町が合同でイリオモテヤマネコのロードキルに関する「非常事態宣言」を出した。約１２０匹しかいないとされるイリオモテヤマネコが、２０１８年には、現認されているだけで９匹もひき殺された。アマミノクロウサギも同様、２０２１年には73件のロードキルが発生している（奄美大島56件、徳之島17件）。イリオモテヤマネコに関して言えば、新型コロナウイルスによる各種制限で観光客数が大幅に減少した２０２０年が過去20年で唯一の死亡事故「０件」であることを考えると、観光客の入込とロードキルには何らかの関係がありそうである。[*9]

単純に考えれば、ロードキルが顕在化している地域では、道路の利用規制が効果的と考えられるが、国立公園の特別保護地区のように、もっとも自然を守らないといけない場所でも、それが公道であれば簡単には規制できないという現実がある。なぜなら道路法や道路交通法は警察が所管しており、現行法では、生き物を守るために公道を規制することはできないためである。

環境保護に関連して認められている規定の一つに、交通公害の防止がある。高度経済成長期に規定されたもので、渋滞がひどく、そこから出る排ガスが周囲の森林を枯死させてしまう問題が、半世紀ほど前に生じた。そこで、交通公害を生じさせていたり、大渋滞によって道路の安全が阻害されたりしている場合には、公道の規制が可能となった経緯がある。日本の国立公園でも、上高地や尾瀬、屋久島などが道路交通法を適用した車両規制を行っている（第2章も参照のこと）。

しかし、アマミノクロウサギやイリオモテヤマネコの事例のように、渋滞も交通公害も生じていない場合、生き物を守るためだけに公道を規制するということは現在の法解釈上はできない、という課題がある。[*10] 世界自然遺産に住む特別天然記念物のロードキルが増加する……これは、渋滞や混雑といったレベルで片づけることのできない深刻なオーバーツーリズムである。

SNSの影響と翻弄される地域

オーバーツーリズムは、突然あなたの住んでいる街にもやってくるかもしれない。千葉県君津市にある「濃溝の滝」（正確には「亀岩の洞窟」）は、かつて農業用水を得るために掘られた人工の洞窟である。知る人ぞ知る……程度の癒しスポットだった場所が、2018年に「まるでスタジオジブリの世界」とSNSでバズり、一挙に観光客が押寄せるようになった。当時の新聞にもあるように、観光バスが連なり、地域の人が困惑する様子が報道された。また、近年は、アニメや漫画の舞台をめぐる「聖地巡礼」が人気となっており、映画化もされた「スラムダンク」の爆発的ヒットによって、江ノ島電

※9　アマミノクロウサギのロードキル増加に関しては、保護の成果が実り、個体数が増加したことを原因と考える人も多い。ただし、もとより通行量の少ない道路であるため、観光入込の増加やナイトツアーの増加等により、通行量が増えたことが大きな要因であることは疑いようがない。いずれにしても、速度規制など各種ルールを守って安全運転を心がければ、ロードキルを大幅に減らすことができる。

※10　関心のある方は、田中俊徳（2023）「自然保護法制をめぐる島と世界の重層性」『季刊iichiko』2023春号をご参照のこと。良いか悪いかは別として、アメリカでは、国立公園であれば、即座に所長の裁量で道路を閉鎖することが可能である。国立公園の中であれば、道路の管理権限も国立公園が有しているためである。

鉄の「鎌倉高校前一号踏切」がオーバーツーリズムになっていることが各種メディアで報じられている。

他にも、インスタグラムで有名になった京都の「伏見稲荷」や福岡県にある「九大・篠栗の森」、NHKの大河ドラマ「せごどん」のオープニングで有名になった鹿児島県の「雄川の滝」など、SNSやテレビ、アニメを起点に一気に情報が拡散され、突如として観光客が押し寄せるというケースが増加している。

これらSNSで話題になる地域に共通しているのは、短期的に大勢の観光客が押し寄せ、交通渋滞や違法駐車、ゴミのポイ捨て、私有地への不法侵入といった課題が生じ、自治体が交通整理などの対応を迫られ、地域が迷惑するという構図である。SNSで突如有名になる地域を訪問する人は、日帰りでやってくるので、地域が観光業で儲かることは少なく、むしろ、観光客に対応するため、自治体職員が休日返上で勤務したり、ただでさえ少ない予算から警備費用を捻出したりするなどしている。

東京や京都といった有名観光地とは異なり、突如オーバーツーリズムにさらされる地域には、駐車場やトイレといった基本的なインフラが整っていないことも多く、地域住民も観光客に不慣れなため、不安を抱きやすい。議会で観光整備の計画をする頃には、ブームが去っていることも多く、計画的にインフラ整備を進めることのできるオリンピックや万博とは異なり、ＳＮＳ時代の観光は、より多くの不確実性を内包している。私たちは、ＳＮＳによって、今後更に急速なスピードで、観光地や地域を消費しつくしていくかもしれない。[※11]

アメリカＣＮＮが、グリニッジ大学のローレンス・シーゲル博士による論考を「インスタグラムがあなたを悪い観光客に変える」と題した記事で紹介しているように、オーバーツーリズムは、決して他人事ではないのである。オーストリアのウィーン市では、「See Vienna, not #Vienna」というキャンペーンを展開し、観光地でのマナー順守を訴えている（「朝日新聞」２０２３年8月31日）。

※11　観光が引き起こす環境や地域へのダメージは30年以上前から議論されている。古典として、ジョン・アーリの『観光のまなざし』（１９９０年原著）や『場所を消費する』（１９９５年原著）が挙げられる。

コラム① エコツーリズムとは？

エコツーリズムには様々な定義があるが、たとえば、２００７年に制定されたエコツーリズム推進法では、次のように定義されている。

「観光旅行者が、自然観光資源について知識を有する者から案内又は助言を受け、当該自然観光資源の保護に配慮しつつ当該自然観光資源と触れ合い、これに関する知識及び理解を深めるための活動」（２条）

ここで言う「自然観光資源」とは、「動植物の生息地又は生育地その他の自然環境に係る観光資源」および「自然環境と密接な関連を有する風俗慣習その他の伝統的な生活文化に係る観光資源」と定められており、端的に言えば、屋久島の縄文杉や知床五湖、慶良間諸島のダイビングスポットのように、エコツーリズムの目玉となる資源を指す。

また、多く引用される海外の文献では、エコツーリズムを「保護地域のための資金を作り出し、地域社会の雇用を創出し、環境教育を提供することにより、自然保護に貢献する自然志向型の観光」[*12]と定義しており、大約すれば、エコツーリズムは、「自然保護、地域振興、環境教育を主たる目的とした観光活動」だと言える。

しかし、「エコツーリズム」とは名ばかりで、環境保全や地域振興、環境教育の要素を持たない「エゴ」ツーリズムになっているケースが多いのが実態である。日本の場合、エコツアーに関する規制や資格制度が実質的に存在しないため、誰でもすぐに「エコツアーガイド」を名乗って「エコツアー」を実施することが可能となる（知床五湖や小笠原の南島など一部を除く）。

多くの観光客はエコツアーがどのようなものかを知らないので、ツアー選びは価格の安さや広告の見た目が大きな要素となる。しかし、良質なエコツーリズムはコストが高くなる傾向にあるため、一定の規制や資格制度がないと、市場インセンティブは、エコツーリズムの理念とは反対のものになりやすい（経済学で「逆選抜」と呼ばれる）。

※12 Boo, E.（1991）"Planning for Ecotourism", *Parks* 2（3）, 2-3.

たとえば、より安いツアーを提供しようと思えば、ガイド1人あたりの案内人数は多くなり、ガイドの技能レベルを向上させるインセンティブも低下する。最悪の場合、ガイドとは名ばかりで、知識も経験もなく、保険にすら入っていない「ガイド」が出てくる。

コラム② 法律すら守らない？

日本人が法律に規定されずともルールやマナーを守ることは世界でも広く知られている。東日本大震災の後に、暴動も略奪も起こらず、静かに給水車や配給の列に並んでいる人々の光景を世界は賞賛した。しかし、海外では必ずしもそうではない。

私の友人であるハワイ州政府の登山道管理者は、ハワイでは登山道の標識を新設してから1カ月もすれば、落書きされるか蹴られるなどして破損することが日常茶飯事だと言っていた。そのために頻繁なパトロールが欠かせないとのことだった。日本ではそのようなことはあまり考えられないし、「パトロールはほとんどしていない」と言ったら彼はとても驚いていた。

　また、環境条約に関する国際会議でスロヴェニアに行った際、私は国立公園をはじめとする日本の多くの自然観光地が、法律に基づかない「自主的なルール」（自主ルール）で守られていることを話した。こうした法律に基づかないルールも、上手に使えば、保全効果が高いという提案をしたのだった。しかし、「拘束力のない自主的なルールを守るのは日本人だけだ。日本以外では絶対に通用しない」（つまり、一般化できない）と批判された。その時は悔しい思いもしたが、おそらくこれは事実である。それくらい日本が良い意味でも特殊であることは理解しておいてよい。

　また、ネパールで著名な観光地を回った際に、プラごみのあまりの多さに眩暈がしたことを覚えているが、国によっては、ゴミのポイ捨ては当たり前だと思っている人もいる。ゴミを捨てないと、ゴミを掃除する人の仕事を奪うと考えている人もいる。つまり、文化や価値観は極めて多様で、そうした様々な人が日本にやってくるということである。

　もちろん日本人も手放しで褒められるものではない。かつてヨーロッパの大聖堂や古城では、日本人の落書きがたくさん見られた。SNS時代になり簡単に名前をさらされるようになったので、落書きは急速に減っているようだが、私はいたるところで恥ずかしい思いをしたことを覚えている。

日本人は「恥の文化」(関心のある方は、ルース・ベネディクト『菊と刀』を参照のこと)なので、法律に規定されているか否かを問わずに、「世間の目」を恐れて、ルールやマナーを守る傾向がある。しかし、世間の目が届かない外国や旅先では、「旅の恥はかき捨て」となりやすく、他の人も落書きをしていれば、「みんなで渡れば怖くない」という気持ちにもなりやすいように思う。

どの国や文化にもそれぞれの美徳や欠点がある。私たちは寛容さを忘れてはいけないし、その背景や価値観の違いにも思いを馳せ、守るべき部分と譲歩できる部分を真摯に考えることが重要である。これは、一方的に「おもてなし」を押し付けることよりも重要なことだろう。

第2章　殺到する観光客をどうコントロールするか？——理論編

規制的手法——確実だが、コストがかかる？

オーバーツーリズムは、地域住民にとっても、自然環境にとっても、観光客自身にとっても不幸な出来事である。では、どうすれば殺到する観光客をコントロールすることができるのか。オーバーツーリズムをコントロールする方法として、公共政策の観点から、大きく分けて3つの方法が存在する。それは、規制的手法、経済的手法、情報的手法である。

もっとも効果的かつ頑健な方法は、規制的手法である。特定の地域への立ち入りを許可制にしたり、入込者数や車両の乗り入れを制限したりすれば、確実に入込者数を制限することができる。実際に、世界の多くの国立公園や世界遺産、自然保護地域等では、こうした手法が採られている。ヨーロッパの都市でも、特定の時間帯に限って、道路を通行止めにする等の手法が採られることがある。

ただし、規制的手法を実施するには、原則的に法律や条例、規則に基づく必要があり、相応の実施費用が必要になる。実施費用とは、申請書を受理して許可を出したり、規則

表1:オーバーツーリズムのコントロール方法

規制的手法	立ち入り許可制、入込者数の制限、車両乗り入れ禁止、ガイド同行義務付け等
経済的手法	宿泊税や入山料の徴収、協力金の要請等
情報的手法	混雑カレンダーの提供、事前講習、マナー改善を求めるポスター、分散を促す案内、ナッジ等

を周知する看板を設置したり、違反者がいないか定期的にパトロールをしたりする費用である。

また、法律や条例を制定する際に観光産業や地域住民をはじめとする利害関係者との調整が必要となる場合もあり、関係者の反対があると実現が難しいことも多い。実際に、日本では規制的手法を用いることに対して、観光産業を中心に嫌がられる傾向にある。たとえば、条例の策定や法改正のような民主的手続きを経て、京都の祇園・花見小路の通行を地域住民と許可を受けた人（店舗の予約を持つ人等）に限ることは可能である。しかし、規制を行うと、地域住民や許可を持つ人か否かを確認する手間がかかり、違反した人を取り締まる費用が生じる。通行客を取り締まったり、許可証を首からぶら下げたりするような状況が生まれるとしたら、祇園の風情とはあまりにかけ離れていると感じる人も出てくるだろう。

富士山に関して言えば、新たな法律を策定するまでもなく、自然公園法やエコツーリズム推進法といった既存の法律を用いて「立ち入り許可制」を採ることが可能である。すでに法律があるにもかかわらず、これが実現しそうにもないのは、自然公園法が「多様な利害関係者との調整」を求めており、実際に富士山にはたくさんの利害関係者が存在して、合意形成が難しいという問題にいきあたる（この「合意形成と実施にかかる時間とコスト」こそ、日本におけるオーバーツーリズム対策を阻む障壁であるため、本書で一貫して扱うことになる）。

ただし、自然公園法に基づいて立ち入り許可制を実施している場所もあり、それが「知床五湖」（北海道）と「西大台」（奈良県大台ケ原の西部地区）である。どうして、これら地域ではオーバーツーリズムを抑制する仕組みを導入することができたのかは第3章で触れる。

日本が世界に誇る「パーク&ライド」

規制的手法の類型として、公共交通の便数を減らす、発着時間をコントロールする、駐車場のキャパシティを混雑状況に応じてコントロールする……など、インフラを用いた間接的な規制手法（交通規制や行動規制とも呼ばれる）も存在する。たとえば、日本では、富士山や屋久島、知床をはじめとする19の国立公園38カ所で「自動車利用適正化」の名目で、時期を定めて自家用車の利用を禁止している（２０２３年12月時点）。具体的には、富士山のスバルラインやスカイライン、上高地、尾瀬、屋久島の登山口など、自家用車の利用を認めると大渋滞が生じる恐れのある道路において実施されている。こうした場所では、自家用車の利用が禁止される代わりに、「パーク&ライド」（「マイカー規制とシャトルバスによる代替輸送」と言うこともある）が実施されている。つまり、大規模な駐車場に自家用車をとめて、そこからシャトルバスで登山口等に向かう方式である。

「パーク&ライド」の歴史は古い。「はじめに」でも書いたように、１９７０年代にマイカーの普及や旅行ブームが起こり、尾瀬や上高地など人気の自然地域で大渋滞が生じた。当時は今のようにマナー啓発がなされていないため、車からゴミをポイ捨てする人が続出し、美しい場所がゴミだらけ。車も現在のように排ガス規制が進んでいないため、渋滞している道路沿いの樹木が排ガスで枯死するといった、今とは比べ物にならない「オーバーツーリズム」が起こっていた。当時の新聞を読めば、地域の迷惑や自然への悪影響は、現代のそれとは比べ物にならないほどである。中には、駐車禁止の場所や道路上に車をとめて、散策に出るような人もいた。

そこで、尾瀬や上高地をはじめとする国立公園では、自家用車の乗り入れを規制するために警察庁や地域、観光関係の利害関係者らと折衝を行い、「国立公園における自動車利用適正化」として環境庁自然保護局長通達が出されるに至った。時は1974年のことである。現在でも、花火大会や初日の出をはじめ、特定日時に大渋滞が予測される場合は、道路の管理責任者（首長など）の権限において公道が一時閉鎖されることが多いが、日本の国立公園では、200日を超える閉鎖（屋久島、上高地など）など、長期間に及ぶことが特徴である。

日本人にとって「当たり前」ともいえるパーク&ライドも、アメリカやカナダのように、車に乗ることを権利として当然と考えている人が多い国では、導入が難しいのが現実である。ハワイ州の登山道管理者と話していた際に、「国立公園が直接管理していない道路（市道や町道）に規制をかけるなんてとても無理だ。日本はすごい！」と言ったように、市町村や警察、観光関係者をはじめ、多様な主体が協力してパーク&ライドを実施できている点は、日本の特長である。[*13]

このパーク&ライドの仕組みを用いることができれば、公共交通機関の協力を仰いで、混雑が発生している場所に一定人数以上を運ばないようにする、減便するなどして、オーバーツーリズムを予防できる蓋然性は高い。しかし、現実には、様々な制約や利害構造から、交通インフラを用いたオーバーツーリズムの抑制は、現状ではうまくいっていない。端的に言えば、交通各社は繁忙期に大人数を運ぶことで通年の利益を確保してい

※13　第1章で指摘したように、海外の国立公園や州立公園の「中」にある道路は、原則的に国立公園部局が直轄するため、即座に閉鎖や規制が可能である。ただし、主要な国立公園や登山道に至る公道等を規制することは、利用者の反発が大きく、極めて難しい。

るため、繁忙期の利用制限に後ろ向きであり、行政当局も強く言えない状況にある。

かつては、あえてキャパシティを減らすことなど誰も考えられなかったが、新型コロナウイルス下で座席数や室数を半減させたり、バスの運行頻度を下げる等の対応を行った経験を持つ今、改めて検討すべき方法である。コロナ禍で多くの事業者が従業員を減らしたため、「急増する観光客に対応ができない！」とも報じられているが、必ずしも無理に増員しようとせず、むしろ付加価値を向上させ、足腰の強い経営に転換するような発想の転換も必要である。

なお、京都や鎌倉でも、市内の渋滞緩和のためにパーク&ライドが推奨され、利用促進に向けた実証実験・キャンペーン等が行われることがあるが、日本の国立公園のように制度化には至っていない。日本の道路交通法では、公道の規制を行うことが容易ではなく、利害関係者間で合意ができたとしても、地域住民の車両と観光客の車両をどう区別するのか、どのように取り締まるのか、といった実施面でのハードルが高いためである。この点、国立公園の事例は、登山口や岬に通じる道路の規制であるため、地域住民の車両が原則的に存在せず、観光客の車両に限られるため、規制しやすいという利点が存在する。

経済的手法——簡単なようで難しいコントロール

次に挙げられるのが経済的手法である。これは、観光客に税や手数料を支払ってもらうことで、オーバーツーリズムの抑止や観光対策に用いる資金を捻出する効果が期待できる。

環境経済学では、汚染物質への課税を行うことで、汚染物質の排出そのものを減らすことができ、徴収した税を汚染対策に用いることができるため、「二重の配当」という言い方をする。これは温室効果ガスをはじめ、環境負荷を生み出す原因に対して課税することを正当化する「原因者負担原則」と呼ばれる議論である。たとえば、富士山でも入山料として1人あたり7000円を徴収すれば、登山を断念する人が多くなり、オーバーツーリズムに有意な抑制効果を生むことが推定されている。*14 また徴収した費用を富士山の保全活動に用いることも可能になる。一方、あまりに高額な入山料を徴収すると、お金持ちしか富士山に登ることができなくなるなど、公平性の問題が生じるという懸念がある。

実際に関連法規である自然公園法では、2000円以上の手数料を取ることが難しいため、高額な入域料の設定は現行法では現実的ではなく、経済的手法に基づくオーバーツーリズムの抑止効果（入込者を抑止する効果）には限界があると考えられる。というのも、富士山にしろ、京都にしろ、外国人観光客は、日本に来るまでに数十万円の航空券（トラベルコスト）を支払ってきているので、数千円程度の入山料は、理論的には追加費用として無視できる程度のコストに過ぎないからである。

ただし、これはあくまで「理論」であって、物見遊山的な安易な弾丸登山を抑止する効果は十分に発揮できると筆者は考えている。関所の通行手形と同じで、誰もが必ず通らなければならないチェックポイントを設け、そこで情報提供も兼ねて1000〜2000円程度の手数料を支払う仕組みがあるだけでも、心理的なハードルは高くなる。また、2023年度に急増した外国人登山者には、ベトナムやインドネシア等からの技能実習生が多いという報告もある。国内に居住する技能実習生の場合、トラベルコストや可処分所得から考慮しても、２０００円の課税でも相応の抑止効果を生むと考えられる。単に所得の低い人を排除することは、国立公園の理念からして妥当ではないが、富士山が危険で神聖な場所であることを踏まえると、相応のルールを守ってもらう仕組みが必要不可欠である。

受益者負担原則

オーバーツーリズムの文脈において「経済的手法」に期待されるのは、観光客に一時的な滞在者として日本や当該地域の公共サービスを享受する相応の負担をしてもらう「受益者負担原則」という考え方になるだろう。とりわけ離島や農村のように、上下水道や廃棄物処理場、道路、電気といった公共インフラが限られ、観光客の急増が地域住民に

※14　京都大学の栗山浩一教授が発表した調査結果。入山料１０００円の場合、抑制効果は４％とされている。詳細は、次のウェブサイトにて閲覧可能「富士山入山料の効果について」https://www.kyoto-u.ac.jp/ja/archive/prev/news_data/h/h1/news6/2013/130604_1（２０２３／２／２閲覧）

及ぼす影響が大きい場合は重要な課題である。離島や農村のゴミ捨て場は自治的に管理されていることが一般的であり、町内会費等の名目で地域の人が負担していることが多い。それを、Airbnbのような形で一時的な滞在者になる人々が、町内会費を支払わず、(時にはルールを守らずに)ゴミを捨てれば、地域のフラストレーションがたまることは目に見えている。加えて、都会に住む人は想像もつかないだろうが、離島では水資源等のインフラが限られているため、観光客が増えすぎると取水制限がかかることすらある。京都市民が市バスに乗れない事態にも代表されるように、公共サービスの低下は地域にとって、切実な課題である。

また、観光産業の裾野が広いとはいえ、観光客が増えることで便益を受ける人とそうでない人の間には大きな不公平が存在する。観光地のトイレや道路といった施設は税金で建設・維持管理がなされているが、インバウンド観光客は消費こそすれ、所得税や住民税を支払っているわけではない(消費税も還付の対象となるケースがある)。観光客が来てたくさん消費してくれることで生み出される雇用や税収も存在するが、一方で、渋滞や混雑、取水制限といった迷惑を被る立場の人々が、不公平に感じるのも無理はない。

インバウンド観光客が1000万人に満たない時代であれば、観光客向けのお得なサービスを行って呼び込むことも重要だが、インバウンド観光客が3000万人を超えてオーバーツーリズムの問題が顕在化しつつある現代においては、観光客にしっかりと公共サービスの対価を支払ってもらう仕組みを作ることが求められる。

宿泊税の実情

ただし、規制的手法と同じく、税や手数料といった方法を実施するには、それが民間事業者でない限り、法や条例の手続きが必要であり、観光産業をはじめとする利害関係者との合意形成が不可欠となる。日本でもっとも幅広く導入されているのは宿泊税であるが、税の「特別徴収義務者」となるホテルや観光産業からの反発が大きいため、その租税目的は「観光の振興を図る施策」とされていることが多い。つまり、「宿泊税は観光産業に携わっているあなたたちのために使いますよ」ということである。たとえば、東京都では宿泊税として1人1泊あたり1万～1万5000円の場合は「100円」、

1万5000円以上の場合1人1泊あたり「200円」を課している。コロナ前の2019年には東京都だけで約27億円の税収があったが、その使途を見ると、海外に向けた観光プロモーション、MICE（大規模集会）誘致活動の展開、新たな観光資源の開発など、オーバーツーリズム対策とは真逆の観光振興予算として使われている。一概に比較はできないが、2023年度の東京都の観光振興費が約263億円であるのに対して、宿泊税収が16・7億円（当初予算額）であることを鑑みても、日本はまだまだ「多額の税金を使って観光客に来てもらおうとしている」というのが実情である。

定額ではなく、定率で

日本各地で宿泊税の徴収が加速しているが、注目すべきはその金額設定である。海外では、宿泊料金の2%とか3%といったように「定率」で徴収することが多いが、日本では、北海道の倶知安町を除いて全てが「定額」となっている。たとえば、京都市の場合、宿泊料金が2万円未満の場合は「200円」、宿泊料金が2万円以上5万円未満の場合は「500円」、宿泊料金が5万円以上の場合は「1000円」と段階的な定額制を採り、東京都よりもずっと高額な宿泊税を課している。

日本で唯一「定率制」を採っている倶知安町では、宿泊料金の2%を宿泊税として徴収している。この場合、1万円で200円、2万円で400円、5万円で1000円、10万円で2000円となる。京都の宿泊税とあまり変わらないようで、実は大きく変わることがある。それは、税のインセンティブ構造である。

定額は、宿泊者の「数」と連動する仕組みである。定額だと特別徴収義務者となるホテルや旅館の担当者にとっても、利用者にとってもわかりやすく、予測も立てやすい。一方、税収を増やそうと考えると、「数」を増やす必要がある。数を増やすには、宿の稼働率を上げるか、宿泊者数を増やすか、ホテルの数や部屋数を増やすかだが、いずれにしても宿泊客数を増やす必要がある。これでは、オーバーツーリズムが課題としてきた「数を追う観光」を後押しする仕組みになってしまう。

一方、定率は宿泊「金額」と連動する仕組みである。日本が失われた30年の間、デフレだったのに対して、世界はどんどんインフレしている。2023年にようやく日本でもインフレが加速したが、今後、インバウンド観光客が来れば来るほど、インフレが進むことは想像に難くない。都内やニセコの高級ホテルでは、1泊30万円、50万円するような部屋が飛ぶように売れている。それでも、東京都の宿泊税では、1泊２００円に過ぎない。定額制だからである。もし２％の定率制であれば、1泊30万円で６０００円、1泊50万円で1万円の宿泊税となる。行政の担当者が税収を増やしたいと考えれば、部屋数を増やすことではなく、「宿泊単価」を上げることを目指し、そのための施策を行うはずである。つまり、オーバーツーリズムとは真逆の高品質な旅行の推進につながる。

日本で唯一、定率制を入れている倶知安町がもし定額制を導入していればどうなったのか。２０２３年度だけでも、数千万〜数億円規模の「マイナス」と見込まれる（２０２３年度の倶知安町の宿泊税収は４億円強）。

ハワイの宿泊税は10％以上

世界でも観光戦略でトップを走るハワイの宿泊税は10・25％の「定率制」である。オアフ島のホテルであれば、更に3%の宿泊税が加算される。定率制であれば、インフレが起こっても、その時々で自動的に妥当な宿泊税を徴収することができる。

しかし、定額制であれば、インフレに対応ができない。実際に、東京都の宿泊税は20年以上、据え置かれたままである。「アマン東京」や「帝国ホテル」に泊まるセレブが1泊200円とは驚きを禁じ得ない。一度議会で決められた金額を変更するには、改めて議会にかける必要があるし、システム変更に対して、特別徴収義務者となる宿泊事業者からの反発も予想される。当初は、わかりやすさや簡素さ、合意のしやすさを求めて定額にするが、これでは問題を先送りにしているだけにも映る。実際に、多くの自治体で導入されている「入湯税」は半世紀近くも150円のまま……という場所が多い。長期的、戦略的な視点に立てば、宿泊税は、インフレにも対応できる定率が良いというのが筆者の意見である。

情報的手法――一番簡単だが効果は……

規制的手法、経済的手法ときて、もう一つの重要な手法が、情報的手法である。たとえば、京都市で展開されているように、観光客のマナー改善を求めるポスターや、地下鉄の利用を案内するポスター、富士山や屋久島で実施されているような「混雑カレンダー」の提供は、情報的手法に分類される。

また、これからより一層必要になるのが「分散」のための情報提供である。オーバーツーリズムといっても、観光客のほとんどは東京、箱根・富士山、京都、大阪といった「ゴールデン・ルート」に滞在している。宿泊統計によれば、静岡、三重、鳥取、佐賀、宮崎、鹿児島の6県は、コロナ前の19年と23年を比べると6割も宿泊者数が減っている状況にある。そこで、こうした地域に外国人観光客が行きたくなるような情報提供やキャンペーンを戦略的に行うことが今後求められる。観光客が血液だとすれば、それが1カ所に滞るから問題なのであり、必要とする場所に行き渡らせることができれば、地方から元気になる日本の姿を想像することもできる。[*15]

「分散」政策はこれからの重要課題だが、日本はある意味では情報的手法を多用している国である。たとえば、世界遺産に登録されているような社寺仏閣、国立公園などに行けば、目に余るほど多くの看板や標識、マナー啓発ポスターが立ち並んでいる。私たち日本人はこうしたマナー啓発ポスターに慣れきっているので、違和感がないかもしれないが、国際的な感覚からすると、やや過剰である。

情報的手法の特徴は、法的な拘束力がなく、人々の良識やモラル、行動に訴求するという点である。確かに日本人であれば、法や制度に基づかずとも、看板や標識を見て、何となく空気を読むということができるが、海外の観光客からすると、奇異に映るとも言われる（アレックス・カー『観光亡国論』中公新書ラクレ　２０１９年）。どうして、美しい場所にたくさんの無粋な看板や標識を無秩序に立てるのか、というわけである。

※15　観光客を地方に誘客する際に重要なのは「泊まってもらう」ことである。人が泊まれば、宿泊費のみならず、夕食・朝食・お酒・オプショナルツアーといった消費が生まれる。地産地消で、生産・加工・販売まで六次産業化した商品を消費してもらうことで、お金が地域に残り、循環するようになる。反対に、昼間に大型バスでやってくるだけの観光形態では、ほとんど地域にお金が落ちない。星空ツアーや朝市など、観光客が「泊まらざるを得ない」パッケージを考えることも一案である。

日本の多くの観光地が、看板標識の類に依存するのは、何を隠そう、規制的手法や経済的手法といった、より効果的かつ基盤的な政策手法を採れていないことが理由の一つである。

「和を以て貴しと為す」ことをよしとする日本では、反対者がいる政策を採ることが非常に難しい。そして、「和を以て貴しと為す」文化において、「決定」することは容易ではない。調整や合意形成に骨が折れるからである。この点、情報的手法は、合意形成を必要とせず、役所や企業が勝手にやっても基本的に怒られないという構造がある。

2~3年毎に異動する日本の職員

とりわけ、日本の行政には2~3年毎に異動して、様々な部署をまわるという特異な慣行が存在する。海外でも幹部職員が定期的に異動することは多いが、末端職員まで定期的に異動するのは世界広しといえども極めて珍しい。

このように若い頃から2~3年毎に異動していると行政職員のメンタリティはどうな

るのかというと、自分の任期中に反対者と交渉するような「火中の栗」は拾いたくないし、可能な限り利害調整の少ない手法に期待するようになる。そこで、実際の効果はともかく、「やった感」や「注意した感」を出すというのが行政のお作法になっている（富士山や屋久島をはじめ、数十年前から、過剰利用が指摘されながら、いまだに効果的な政策に移行できていない最大の原因は、数年おきの人事異動という日本特有の行政慣行が根っこにあると筆者は見ている）。そして、2～3年というのは、誰も責任を取らずに去っていくのに適した時間でもある。1年目は「学ばせていただきます」、2年目は「これから一緒に頑張りましょう」、3年目になると「私もいつまでいられるかわからないので……」といった感じでトーンダウンする。日本の行政が「減点主義」と呼ばれるように、何をやったかよりも、問題を起こさないことが重視される評価構造であるのもポイントである。[16]

※16　西尾勝（2001）『行政学』（有斐閣）も参照のこと。また、日本の自然保護行政における官僚制を分析した論文として、田中俊徳（2018）「自然保護官僚の研究：技術官僚論に対する新たな視座」『年報行政研究』58がある。

そういう意味で、情報的手法は最小限の行政コストしかかからず、利害関係者とぶつかることを避けながら、「最低限のことはやった」という雰囲気を出す良い塩梅の落としどころなのである。しかし、こうした看板・標識、混雑カレンダー、注意喚起……といった情報的手法がどの程度、効果的なのかは十分に評価されていないないし、遺産や景観の価値をどの程度損ねているかも十分に評価されていない。たしかに、規制的手法や経済的手法は導入にかかる調整や合意形成・実施の双方に対して時間と費用がかかりやすい性質を持つ。これは規制的手法や情報的手法の持つ欠点である。そこで、近年は、「ナッジ」と言われるような、行動経済学や心理学の知見に基づいた効果の高い情報的手法を積極的に展開する事例も見られる。

人々の行動をより望ましい方向に変化させる「ナッジ」

ナッジ（Nudge）とは、強制や経済的なインセンティブを伴わずに、行動変容を促すような戦略のことを指す。わかりやすい例を挙げよう。国際空港のトイレ清掃には莫大なお金がかかることが一般的である。利用者が多いし、時差ボケや旅の疲れ、様々な文化が入り乱れて粗相も多くなる。何より国家の玄関口だから、汚いままにしておくわけにはいかない。成田空港も羽田空港もトイレは常にピカピカである。しかし、最初から汚れないようにできればこれに越したことはない。男性トイレの小便器が良い例であるが、床への飛び散りは清掃時間や清掃頻度を高めて、コスト増の要因となる。そこで、オランダのアムステルダムにあるスキポール空港では、男性小便器の一点に「ハエの絵」を描いた（ぜひウェブ検索してほしい）。すると驚くなかれ、床へのおしっこの飛び散りが減り、2割も清掃費用を削減することができたという。[*17] 男性なら気持ちがわかるかもしれないが、「的」があると、どうやらそこを狙ってしまうという本能があるらしい。その本能を上手に使ったわけである。

他にも、情報提供の順番やデフォルト（推奨や標準）の設定といった、心理学的な技

※17 リチャード・セイラー、キャス・サンスティーン『NUDGE 実践行動経済学』日経BP、2022年。オリジナルは2009年にPenguin Booksより。著者のリチャード・セイラー（シカゴ大学教授）は、2017年にナッジ理論により、ノーベル経済学賞を受賞。

術を応用して、人々の行動をより望ましい方向に変化させることが「ナッジ」である。ナッジの良いところは、情報提供の仕組みや内容を変えるだけなので、コストがあまりかからず、強制でないため、反対者が出づらく、合意形成のコストも低く抑えられる点である。近年は、ビッグデータやＩＣＴ（情報通信技術）を用いて、混雑地域を事前にスマホで知らせたり、空いている観光地に誘導するなどの取組も登場している。（ただし、ナッジも期待されるほどの効果は存在しないという指摘が最近なされるようになっているため、過度な期待はできない点に要注意）

以上のように、オーバーツーリズム対策として政府が実装できる方法としては、おおよそ、規制・課金（または割引）・情報の３つに絞られ、あとはこれらの組み合わせや応用であるとご理解いただきたい。

コラム③　実証実験、自粛要請、自主ルールの濫発

オーバーツーリズムを問題だと感じ始めた意欲ある自治体や団体が、実証実験や自主ルール、自粛要請といった「情報以上、規制未満」の対策を採り始めている。法に基づいた施策を行うには利害関係者が多すぎるし、取り締まるための行政資源も持ち合わせていない。何より、日本人は法律か否かを問わず、行政が要請したら守ってくれるのが当たり前……そういうわけで、実証実験、自粛要請、自主ルールといった法律に基づかない制度が各地で用いられている。

ただし、いずれも法に則したものではないため、違反したところで「違法」ではない。罰することもできない。実証実験や自主ルールと聞いて従わない人が時折いるが、行政の担当者は「こっちがお願いしているのに、守らないとは驚いた」、「自分はやれるだけのことをやったのに、向こうがわかってくれない」というスタンスが多い印象を持っている。果たしてそうだろうか。たしかに自主ルールでも守られるような場所に法律を持ち出す必要は全くないが、ルールに従わない人が出てくるのは、相応の理

由があるからではないだろうか。

行政は行政の論理で、自分たちにとって都合の良い、便利な方策を考えるわけだが、行政だからこそ、違反者が出ているところは、相応の理由があるものと理解して、法律や条例でしっかり対応しようという気概を持ってほしい。政治家や行政官は裁判になることを極度に嫌うように感じるが、日本は民主国家、法治国家である。正しいと思うのであれば、法律や条例として制定するよう努力するのが筋だろう。

また、政治家にしろ、官僚にしろ、その本務は必要なところに法律を作り、必要なところに予算を配る仕事である。「和を以て貴しと為す」のは大切なことだが、減点主義の日本型官僚制では、保身や出世のために、あえて問題を放置しているように見えることも少なくない。これからの時代は、言葉も文化も異なる外国からの観光客が増える。今までのやり方では通用しない。

第3章　殺到する観光客をどうコントロールするか？——事例編

スティーブ・ジョブズも愛した京都・苔寺の戦略

観光客をコントロールするには、規制的手法、経済的手法、情報的手法が存在し、あとはこれらの組み合わせや応用であることを話した。では、具体的にどのような事例が存在するのかを紹介するとともに、「なぜ」こうした戦略をとることができたのか、その構造に踏み込んで、個別の事例をご紹介したい。キーワードは、土地所有者、資源の性質、政府のイニシアティブである。

オーバーツーリズムに苦慮する京都であるが、世界文化遺産にも登録されている西芳寺（通称・苔寺）の戦略は注目に値する。苔寺と言えば、かのスティーブ・ジョブズも愛した寺として知られるが、1970年代には、多くの観光客が殺到し、美しい苔が台無しになるという事件があった。

当時の朝日新聞によると、1976年は1日あたり2000人、多い日には8000～9000人の参拝客が西芳寺を来訪し、混雑、渋滞、騒音、ゴミのポイ捨て、更には苔の踏みつけによる荒廃といった典型的なオーバーツーリズムの様相を呈していた。当時の参拝料は1人400円である。

苔の荒廃に困った西芳寺では、1977年からそれまでの方針を変更し、「往復はがきによる完全予約制」による参拝とし、1日あたりの訪問客については150人を目安とし、3000円以上の参拝冥加料の支払いを求めるようになった。参拝者は必ず写経を行い、心を落ち着けたうえで、初めて美しい苔を見ることができるという仕組みである。注目すべきは、往復はがきでしか予約の申し込みができないという「不便さ」(2021年6月まで)、そして、必ず写経をしなければ、苔を見ることができないという「障壁」、さらには、3000円という高額な料金設定である。

しかしながら、この不便さや障壁、金額設定が功を奏し、本当に苔が見たい良質な参拝客のみが計画的に苔寺を訪問するようになり、写経という特別な体験も含めて、スティーブ・ジョブズをはじめとする多くの人々を魅了した。2024年現在は、ウェブサイトからの申し込みも可能となり、4000円以上の参拝冥加料が必要と、さらに高額になっているが、世界文化遺産である苔寺の遺産価値を守るとともに、その価値を真に体感できる仕組みとなっている。

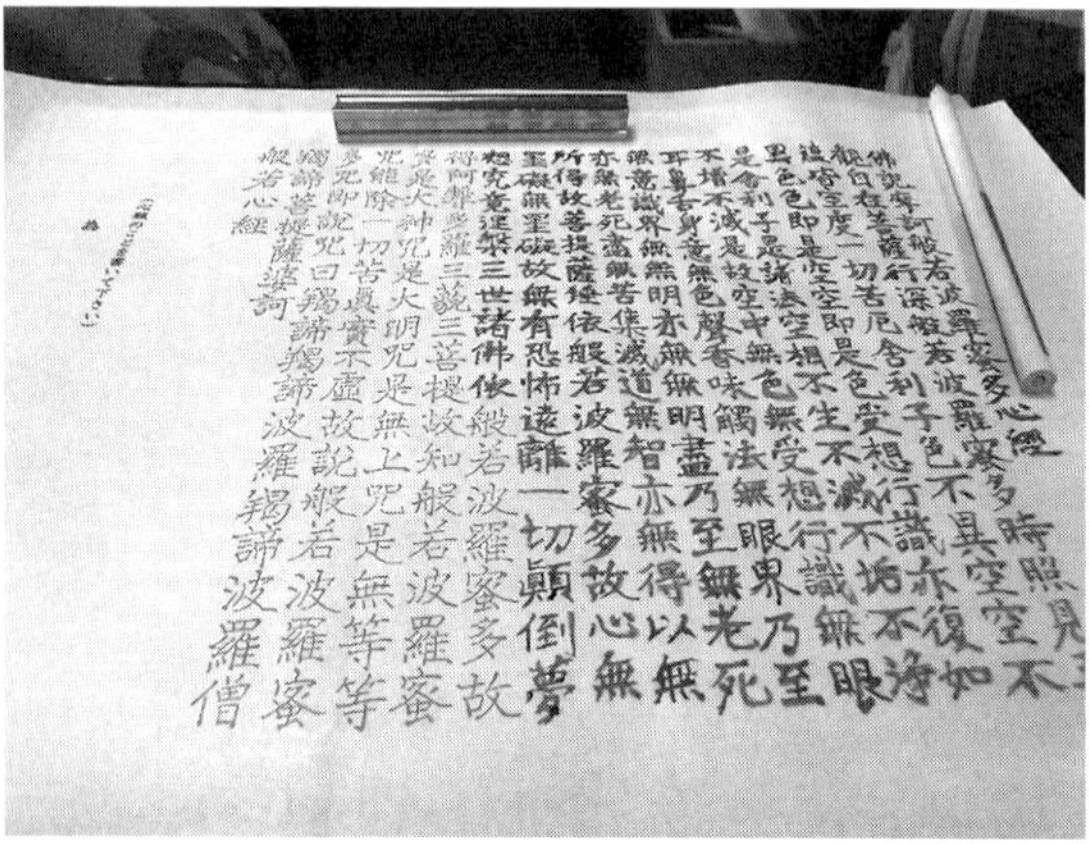

西芳寺で実施される写経

苔寺の手法が面白いのは、オーバーツーリズムを克服するための規制・課金・情報という全ての手法が巧みに組み合わされている点である。つまり、往復はがき（現在はオンラインも可能）でのみ予約できるという実質的な許可制、そして、軽い気持ちでは参拝できない高額な値段設定と写経という体験、これらが上手に組み合わされている。

しかしながら、それまで1日2000人が訪問していた場所を150名（最大200名）に制限し、400円の拝観料を3000円（現在4000円）に上げるといった劇的な対応ができたのには、理由がある。

それは、西芳寺が私有地であり、民間だからである。実際に、アメリカでは、２０１７年にトランプ大統領が、グランドキャニオンをはじめとする人気の高い国立公園の入園料を30ドル（約４５００円）から、一気に70ドル（約1万５００円）にひきあげると発表したが、国民の猛反発を受けて、撤回に追い込まれた事件があった。国立博物館や国立公園の入園料が、いきなり1万円となると、公共性の極めて高い空間や財産をお金持ちしか楽しむことができないということになり、公平性の問題が生じる。

公立図書館が無料で使えるように、真に公共性の高い空間を市場原理で管理することには、多くの人が反対するのではないだろうか。ディズニーランドやユニバーサルスタジオのような私有地かつ民間企業であれば、需給に応じて自由に価格設定を行うことができ、利用者から1万円以上とっても文句が出ないだろうが、市場原理を援用できる場所は実は限られているのである（これが都市や自然観光地におけるオーバーツーリズム対策の難しさである）。そこで、国立公園や博物館、都市のように公共性が高くオーバーツーリズムになりやすい場所をどのように管理するかは、金額の多寡はもとより、許可制や交通システム、情報提供の手法など多角的に考える必要が出てくる。

ブルーノ・タウトが絶賛した桂離宮

ドイツ人建築家として知られるブルーノ・タウトが「泣きたくなるほど美しい」と絶賛した桂離宮も同じく京都にあるが、苔寺同様、利用を完全予約制とし、1日あたりの利用者数に制限をかけている事例である。苔寺と異なるのは、桂離宮が、国有地であり、宮内庁の所管であること、そして、案内してくれる人も宮内庁の職員である点である。また、西芳寺が4000円以上の冥加料を要するのに対して、桂離宮がガイド付きでありながら1000円と廉価である点も大きな違いである（2018年までは無料）。

また、桂離宮は有料だが、同じく宮内庁が所管する「皇居」、「京都御所」、「京都仙洞御所」、「修学院離宮」は2024年2月現在も無料で入ることができる。桂離宮と同じく予約制を採っている。

桂離宮がこのような対応を採ることができるのは、宮内庁が皇室用財産として土地を所有し、直轄管理を行っているためである。アメリカの国立公園が入園料を徴収するように、国有地であっても、所有者と管理者が同一であれば、入園料なり利用料を徴収することは可能である（公営の博物館や公園、駐車場をイメージしてほしい）。国鉄が民営化されたように、市場原理に委ねた方が管理レベルや利用者サービスが向上し、税金の投入を節約できるケースは多い。

オーバーツーリズムが問題となりやすいのは、土地所有者や利害関係者が複雑多岐にわたり、その合意形成や実施にかかるコストが高くなる一方で、管理者がそのコストを負担できない状況で生じやすい[*18]（そもそも管理者が不明だったり、責任の押し付け合いになるパターンも存在する）。

国有地であっても、桂離宮やアメリカの国立公園のように、複雑性が少ない場所では、オーバーツーリズムの抑制は比較的容易であると言える（入園料の金額は公平性の観点から常に問題となる）。

※18 経済学では、「取引費用」という言葉が用いられる。合意形成を行うには、これに係る情報を収集し、分析し、調整を行う必要がある。これらの費用を総合した概念が取引費用である。調整の主体となる組織なり人物が、この「取引費用」を支払うことができなければ、問題解決は難しい。筆者は、この取引費用と行政資源のアンバランスを「ガバナンス・パラドックス」と呼んでいる。たとえば、下記の論文を参照のこと。Tanaka T and Takashina N (2023) Governance Paradox: implications from Japan's national parks for managing complex protected aeas. *Sustainability Science*

桂離宮

一方、オーバーツーリズムが生じるのは、利害関係者が複雑で、誰が責任者となるかが不明瞭な場合に多い。次の知床の事例を見てみよう。

ヒグマがもたらした知床五湖モデル

2023年は、ヒグマやツキノワグマによる人身事故が日本中で多発し、大きな問題となった。多くの日本の観光地は、海外とは異なり、良識やモラルに依存した情報的手法を主体とした方法を採ってきたため、世界遺産や国立公園のように公共性の高い空間を管理する仕組みが脆弱であり、なかなかオーバーツーリズムを抑制できていない。

一方で、ある程度うまくいっている場所も存在する。その代表的事例が、知床五湖である。

知床は、世界自然遺産として多くの人が憧れる場所の一つである。様々なニュースサイトにおいて、「行ってみたい日本の世界遺産」トップ3の常連である（一位は不動の屋久島）。その知床のもっとも有名な観光資源が「知床五湖」である。その名の通り、知床の原生林に五つの湖が集まっており、遊歩道を1～2時間ほどかけて歩くことができる。その美しさもさることながら、エゾシカやエゾリスといった野生動物を見ることができ、遠く知床連山を眺められるなど、世界遺産の自然を手軽に堪能できる屈指の観光スポットである。

知床五湖は、原生的な自然環境を有し、美しい景観を誇る一方で、大型バスの駐車場や遊歩道も整備されているため、マスツーリズム型の観光客も多く、年間40～70万人前後が訪れる知床随一の観光スポットとなっている。年間40万人といえば、原生自然にある観光資源としては、相当な人数である。

実際に多数の入込者によって、植生の踏み荒らしや歩道の荒廃に加え、知床五湖の駐車場に入りきれない車による渋滞も生じており、排気ガスや騒音が生態系に与える影響が多くの論文や新聞報道で指摘されている。つまり、観光客の入込をコントロールしなければ、世界自然遺産にも登録される貴重な自然に悪影響が及び、観光客の利用体験の質も低下するという典型的なオーバーツーリズムの事例であった。一方、京都や富士山、屋久島がそうであるように、オーバーツーリズムだからといって、適正な観光管理の仕組みを作ることは容易ではない。

オーバーツーリズムに有効な利用調整地区制度

こうした中、知床五湖では、「自然公園法」という法律に基づく拘束力のある観光管理の仕組みの導入に成功した日本国内では稀有な事例である。自然公園法は、国立公園や国定公園を指定する根拠となる法律であり、この中に「利用調整地区」という制度が規定されている（自然公園法23条）。簡単に言えば、オーバーツーリズムが生じている場所や、オーバーツーリズムが生じそうな場所への立ち入りを許可制にして、1日あたり（または時間あたり）の利用者数の上限を定め、入域許可にかかる事務手数料を徴収できる仕組みである。

導入から20年以上が経過するが、２０２４年2月現在、利用調整地区に指定されているのは吉野熊野国立公園の西大台地区と知床国立公園の知床五湖地区の２カ所のみである。知床五湖のように、必要に応じて、ガイド同行を義務付けることも可能である。利用調整地区への立ち入りには、事前講習が必要であり、その地域の自然や危険について知ることができる教育的な機会も提供している。

知床五湖では、利用調整をヒグマの目撃が多い「ヒグマ活動期」（5月10日～7月31日）と「植生保護期」（開園～5月9日／8月1日～閉園）に分け、ヒグマ活動期には、利用者数の制限に加え、ヒグマの対処に慣れた「登録引率者」（いわゆるガイド）の同行を義務付け、植生保護期には事前に講習を受けた上で利用制限を行う手法が採用されている。[*19] ２０１０年10月に、環境省より「知床五湖利用調整地区指定認定機関」の公募が実施され、地元の公益財団法人である「知床財団」が指定を受け、２０１１年5月10日から、知床五湖地上歩道への立入認定手続きが開始された。

オーバーツーリズムが指摘されている富士山や屋久島、沖縄県の真栄田岬や西表島、慶良間諸島等は全て国立公園や国定公園なので、「利用調整地区」は、オーバーツーリズムのリスクがある多くの場所で利用できる画期的な制度なのだが、合意形成が難しいことや実施の費用を誰がどのように負担するかが課題となりやすい。翻って言えば、どうして知床では利用調整地区を導入できたのか？　という疑問が浮かぶ。

ヒグマ・地権者・行政のやる気

結論から言えば、知床で効果的な制度が導入できたのは、「ヒグマ」、「地権者」、「行政のやる気」の3点である。つまり、知床ではヒグマが出てくるので、遊歩道の全面閉鎖を回避するために、従来は規制に反対する観光事業者から、安定的な利用に対する要望があったこと。次に、地権者の反対がなかったこと（地権者が規制に反対する例は多い）、そして、責任回避したがる行政がしっかりと責任をもって制度作りに取り組んだことである。

特に、富士山や屋久島といった利用調整地区の導入に適していると思われる地域では、地権者や利害関係者による反対が指摘される。たとえば、あまり知られていないが、富士山の八合目から上の土地（つまり、標高3360mより上）は、すべて富士山本宮浅間大社の「私有地」である（1974年に最高裁判決にて確定）。私有地なので、利用調整地区をはじめとする法的な制度を導入するには、地権者の合意が不可欠となる。また、五合目にある土産物店やレストラン関係者は、富士山の利用規制に総じて反対であることが知られる。混雑が指摘される屋久島の縄文杉ルートもそのほぼ全てが林野庁の所有する国有林であり、規制に対する観光事業者からの反対も根強い。[*20] このように、地権者や利害関係者との合意形成が第一の壁となることが一般的である。

では、地権者や利害関係者がOKすれば規制ができるかというと、話はそう簡単でも

※19　知床五湖では、「ガイド」ではなく、「登録引率者」という言葉を用いている。その背景は学術的にも興味深いが、本書では割愛する。関心のある方は、拙稿「自然観光資源の管理をめぐる順応的ガバナンスの研究」（『人間と環境』40巻3号所収　2014年）をご参照いただきたい。

※20　2011年に縄文杉ルートの入域者数制限に関する条例が屋久島町議会で審議されたが、「全会一致で否決」という結果に終わっている。

ない。なぜなら、国立公園を所管する環境省自身も、利用調整地区の導入に及び腰であることが多いからである。第一に、国立公園を管理する自然保護官（レンジャー）の数が少ないので、利用調整にかかる合意形成や調査など、追加的な業務を行うことに及び腰である。また、制度導入に合意できたとしても、「実施」には更なる試練が待ち受けている。というのも、規制を行うということは、関連するデータを集め、関係者と協議し、課題や違反が生じたら、その都度、制度を改善する責務を負うためである。ある意味では、当たり前の業務とも言えるが、これを避けたがるのが日本の行政組織である。

さらに、利用調整地区では観光客に対して事前講習を課しているが、この事前講習の費用を誰が負担するのか、利用調整地区制度が前提としている指定認定機関（指定管理者のようなもの）を誰が引き受けてくれるのか……など、実施上の課題が多い状況にある。それでいて観光客から徴収する「事務手数料」は、法律上、自由に使うことができず、「立ち入り許可にかかる事務経費」のみが対象であり、登山道の整備や自然環境調査等には用いることができないなど、使いづらい構造を有している。[*21] 逆に言えば、これらの諸課題をいかにクリアするかが、この制度を活かす重要なポイントとなるだろう。

国立公園でオーバーツーリズムをコントロールする方法

知床五湖の事例で重要なのが、観光客のコントロール方法をめぐる行政の議論である。知床五湖では、①国立公園の管理を行う環境省、②遊歩道の管理者である北海道、③駐車場の地権者であり知床五湖の管理に関係する地元の斜里町の3者が主な役者となる。

利用調整の手法としては、上記で挙げた①環境省が所管する自然公園法に基づく「利用調整地区」の導入以外にも、②エコツーリズム推進法に基づく全体構想及び条例の策定（この場合、同法5条に基づき地元自治体である斜里町が事務局を担う）、③知床五湖の遊歩道を管理する北海道によって公物管理権限に基づく条例策定による規制、の3案が検討されている。その際、エコツーリズム推進法の適用は、地元斜里町が「国立公園の問題である」として難色を示し、北海道も同様に条例策定に難色を示している。斜里町の担当者（当時）は、「知床五湖は国立公園の特別保護地区にあり、制度の中に利

※21　利用調整地区への立入認定にかかる事務手数料の範囲は、内閣法制局と何度も調整が行われたが、現行では、このような解釈となっている（環境省幹部への聞き取り調査）。

夏の知床連山と知床五湖

用調整地区という立派なツールがあるので、あえて町で新たな条例を作って対応するものではないというのが基本的な考え方」と述べている。

このように、オーバーツーリズム対策は、いろいろな省庁や自治体にまたがり、必ず誰かがやらなければならない業務として定められていないため、省庁間の隙間に落ちてしまうことが多い。私は博士論文で、こうした課題を「隙間事案」と呼んだが、省庁間の「隙間」に落っこちた難しい問題（いわば、火中の栗）を誰が拾うのかが難しい問題である。

知床では、従来、利用調整を避けたがる

環境省の担当者が、責任をもって対応したわけだが、その背景には、土地所有者や利害関係者から反対がなかったことや、長い年月をかけてヒグマ対策が話し合われてきた歴史的経緯が挙げられる。*22

知床には、観光客によるヒグマへの餌やりなど、様々な課題が残っているが、既存の法律を使うことで、主要な観光資源をオーバーツーリズムから守れるという事実は広く知られるべきだろう。現状、利用調整地区の導入には、上述したような課題が存在するが、国立公園の管理者である環境省の人員と予算を向上させ、土地所有権を整理すれば、かなりの程度、対応が容易になることが想定される。また、後段で述べるように、西表島では、エコツーリズム推進法を用いた規制、富士山では、登山道を管理する山梨県の条例策定による規制を実施しようと調整が進んでいる。

※22　関心のある方は、拙稿「自然観光資源の管理をめぐる順応的ガバナンスの研究」(『人間と環境』40巻3号所収、2014年)をご参照いただきたい。

石原慎太郎が遺した小笠原の東京都版エコツーリズム

知床と同じく世界自然遺産として知られる小笠原諸島は、東京の竹芝桟橋からフェリーで約24時間かけて行く。同じ東京といえども、地球の裏側に行くのと同じくらいの時間が必要となる。

小笠原諸島は東京都の南約1000kmに浮かぶ。父島列島、母島列島を含む30余りの島々からなり、自衛隊基地の居住者を除く人口は約2600人である。一般住民が居住するのは父島と母島のみであり、人口は父島が約2100人、母島が約500人である。

気候は亜熱帯に属し、大陸と一度もつながったことのない海洋島であるため、生態系に独自の進化が見られ、固有種の割合が非常に高い。国内では唯一とも言われる沈水カルスト地形が見られ、その風景美などが評価され1972年に小笠原国立公園に指定されている。知床と同様、2003年に環境省と林野庁の検討委員会において世界遺産登録に向けた取り組みが合意され、2011年に日本で4番目の世界自然遺産として登録された。これだけ都市から離れた隔絶された場所でありながら、小笠原もまたオーバー

小笠原南島・扇池

ツーリズムを経験し、その対策に成功した場所の一つである。

「紅の豚」の舞台、南島のオーバーツーリズム

小笠原では、沈水カルスト地形と呼ばれる特異な自然景観を持つ南島への観光が盛んである。ここは、宮崎駿監督の「紅の豚」の舞台になったとも言われるインスタ映え必至の絶景が存在する。多くの観光客がこの風景を見るために小さな船に乗り、南島を訪問することとなった。

しかし、なんら規制のない1990年代、多くの人は勝手気ままに自然保護区を歩き回り、

南島の植生が劣化し、海に赤土が流出、さらにサンゴ礁が被害を受ける事態となった（1997年、小笠原村と財団法人日本自然保護協会の共同調査）。調査を行った日本自然保護協会はその原因を無秩序な観光利用と位置づけ、対策として、ガイド同伴や自然観察路の設定、利用者数制限、南島の自然やルールに対する解説の必要性を提言している。

これを受け、2000年には小笠原村観光協会が自主ルールを策定し、南島観光はガイド同伴とし、決まったルート（自然観察路）のみを利用することで決定した。また、2001年には小笠原村がガイド同伴義務と自然観察路の利用に加えて、1日あたり100人までの利用者数制限、ガイド1人あたり15人までの設定、利用時間（2時間以内）、入島禁止期間の設定といったルールを設定した。さらに2003年、東京都は「東京都版エコツーリズム」と称して小笠原村との協定に基づいた自然環境保全促進制度（以下、促進制度）を開始した。同制度は、非法定制度であり、強制力や罰則はないが、南島を「自然環境保全促進地域」に指定し、この地域における観光利用のルールを共通ルールとして9つ、個別ルールとして5つにまとめた。個別ルールでは、利用経路、最大利用時間、1日あたり最大利用者数、制限事項、ガイド1人あたりの利用者数上限の5点が定められているが、これらはほぼ小笠原村の自主ルールをそのまま踏襲したものである。

小笠原村の自主ルールがあるにもかかわらず、東京都として制度導入を行った背景を当時の故・石原都知事は以下のように述べている。

村では2001年（平成13年度）の7月から「入島者数は1日100人」「上陸時間は2時間以内」といった南島保全のための自主ルールの運用を始めているが、あくまでも自主ルールのため問題は多い。筆者は実際に小笠原を訪れてみたが、実態は骨抜きにされているといっていいものであった……ほとんどの観光客は南島の美しさに目を奪われ、途中からルートを守るものはいなくなった。ルートの脇には東京都が植生回復のために地面にネットをかぶせているが、その上を平気で歩くものもいた……帰り際、私はガイドに、自主ルールにある入島制限が実際に機能しているのか尋ねてみた。

「実際にはあまり守られていないですね。でも今日は早い時間だからみなさん運がいいですよ。午後になると大勢きますからね」

ガイドは笑顔でそう答えた……村では自主ルールを定めたが、その運用には疑問が残

る。（石原慎太郎公式ＨＰ「宣戦布告」２０２４年１月現在閲覧不可）

つまり、小笠原村の自主ルールは形骸化しており、東京都による制度化は石原元都知事のトップダウンで実施されたということになる。東京都は促進制度の導入にあたり、同行を義務付けるガイドを「東京都自然ガイド」に限定し、これを認定制にしている。屋久島など各地の認定ガイドが付加価値に過ぎないのに対して、「東京都自然ガイドでなければ、ガイドできない」という免許制に近い考え方である点が特筆される。

南島でのガイド業を行ってきた人にとっては人数や利用時間の制限といった規制に加え、新たに養成講座を受講するコストが生じる。当時の状況についてガイド部会を設置する小笠原観光協会事務局長（２０１０年当時）は、「当初は１日あたり１００人という人数制限やガイド１人あたりの利用者数、入島禁止期間の設定といった点でガイドから反発があったが、現在では、認定制を多くの人が評価していると思われる」こと、その理由として、（ガイド認定制によって）「南島の付加価値を伝えることができ、屋久島で問題になっているようなガイドの質の問題を予防することができる」点を指摘している。また、小笠原ホエールウォッチング協会の会長（２０１０年当時）も、認定制の導入について、「少なからず反発はあったが、ガイドや利用者も次第に慣れてきたようだ。多少の反発があっても行政主導でルール導入ができた点が成功の鍵」と指摘している。

このように、導入後の評価は概して高い。

また、制度導入後、２００２年から２００４年にかけて、南島の繁忙期における利用状態を調査した研究によると、２００３年の東京都版エコツーリズムの開始によって、1日あたり利用者数、1ガイドあたり観光客人数の遵守状況、ガイドの観光客に対する誘導、解説状況が改善されたことが明らかにされている。

行政の強いリーダーシップが不可欠

非法定制度で罰則がないとはいえ、南島ほど隔絶されており、船でしか行けない場所となると法律と同等の制約が生じるため、現在もこの制度は継続して活用されている。[＊23]「東京都版エコツーリズム」が成功した理由は、知事の強いリーダーシップがあった点に尽きるだろう。石原都知事は東京都版エコツーリズム制度の導入を以下のように論じている（傍線部は筆者）。

制度を導入した背景には、国立公園の保護に対する国の怠慢がある。小笠原諸島はそのほとんどが国立公園に指定されている。国立公園とは、わが国を代表する傑出した自然の景勝地の保護と共に、その利用促進のために指定されている地域のことだ。しかしながら国立公園の監督者である国はその保護のために何もしていないのが現状である……南島では、観光客によって「島の植物が踏みしだかれて赤土がむき出しになる」「ラピエと呼ばれる石灰質の奇岩が削られてしまう」といった悪影響が出てきている。さらに人に付着して運ばれた種により移入植物の分布も広がり始めている。

このような自然破壊があるにもかかわらず、国は何の対策も施さなかった。国立公園を始めとする自然公園は「自然公園法」という法律に基づいて指定されているが、法律には立ち入り人数の規制やガイドの公的認定などは盛り込まれていないため、[*24]南島の保全は村の観光事業者の自主規制が頼みだった。

今回のエコツーリズムの導入だけでは小笠原は保護できても、他県の国立公園の保護には結びつかない。

石原知事の発言には二つの重要な指摘が含まれている。一つは、国立公園の保全管理は国の責務として規定されているが、実際には、これが十分に果たされておらず、知事の言葉を借りれば「国立公園が有名無実化している」ことである（繰り返すが、日本の誇る観光資源のほとんどが国立公園、国定公園にある）。

次に、小笠原は東京都のイニシアティブで制度導入に至ったが、他の自治体ではこうした取り組みが困難である点だ。実際に、知床の事例で見たように、北海道や斜里町は、

※23　当初は、1日あたりの入域者数を100人の先着順としていたため、午前に船が殺到するなどの問題が生じた。その後、140人程度まで柔軟に対応するなど、現在は、利用者の分散を図る方向に移行している。オーバーツーリズムの抑制に必要なのは、分散であるため、数ありきで進めるのではなく、モニタリングをしながら、柔軟に対応することが欠かせない。多くの観光地では、分散を行うために、時間指定の予約制が導入されている。ただし、このパターンも「空予約」といって、予約だけやって実際にはやってこない悪質なパターンも存在するため、空予約をどう対策するかが重要である。

※24　その後、2002年の自然公園法改正によって利用調整地区が導入された。

自らが利用調整のイニシアティブをとること（火中の栗を拾うこと）を躊躇している。背景には、地方自治体では、人員・予算・専門性など行政資源が限られており、対応が難しい面がある。誰もが知るように、東京都は人も予算も専門性も突出して高い組織である。石原知事は毀誉褒貶の多い人だが、「東京都版エコツーリズム」については、間違いなく石原知事のリーダーシップがあったと言える。

小笠原だからこそ……の背景

小笠原だからこそ……の文化的な背景も指摘しておく必要がある。小笠原の特性として、①公的機関への依存体質、②地理的要因と人口規模、が挙げられる。小笠原ではアメリカからの返還以来、東京都小笠原支庁を通じて手厚い振興政策が行われており、地域の国や東京都に対する依存体質が強いとされる。私が聞き取り調査を行った島の重鎮は、小笠原の観光に関して「良くも悪くも依存体質」と評価している。都が決めたことには従いましょう、という体質が強い。これは、私が観察してきた別の島々、たとえば、屋久島や西表島では見られない傾向である。

また、小笠原の地理的要因と人口規模が挙げられる。小笠原に行くには、週に1便片道24時間かかるフェリーを利用する手段しかなく、アクセスの面において排除性が高く、2000人が住む島では法律に頼らずとも、共同体的統制がとりやすい面がある。[*25]片道24時間かかる小笠原に行こうと思う人は、物見遊山の観光客というよりは、環境意識の高い人である蓋然性が高い（神聖な場所に入る際には、「禊《みそぎ》」が必要だが、24時間の外洋を越えて行かざるを得ない小笠原では、その「禊」が済んでいるような状況である）。

世界遺産登録に〝NO〟と言った西表島

屋久島、知床、小笠原のように世界自然遺産に登録されるような場所は、世界でも希少な自然環境に不特定多数の観光客が集まる構造になるため、オーバーツーリズムを招

※25　人口が少ないほど、法律に頼らずとも、共同体的な統制がとりやすいことが文化人類学や社会学の研究から広く知られる。文化人類学で知られる「ダンバー数」も参照のこと。

きやすい。

世界遺産になった後の各地の状況を見ていたのか、世界遺産候補地であった西表島では、沖縄県の調査に対して「世界遺産登録に反対」の意思表明をする島民が、なんと41%にも及んだ（沖縄県自然保護課　２０１８年）。登録を望ましいと答えた人は、わずか28%（大変望ましい13%、望ましい15%）と少数派だった。一部の自治体が血眼になって求めている「世界遺産」は、どこでも歓迎されているわけではないのである。

当時の新聞報道や個人のブログ等を見ると、「沖縄・西表島の住民『世界遺産に登録しないで！』観光客来てゴミ増え　島汚れるだけ」や「世界遺産登録に不安も　竹婦連、地域の課題解決要請」、「西表島の世界自然遺産登録はマジ愚行！　登録して自然破壊を推進しますか?」といったタイトルが並ぶ。中には世界遺産になることで、自然保護の規制が強くなることを懸念する人もいるが、新聞報道やブログ記事からは、多くの人が観光客によって自然が壊され、地域にも悪影響が及ぶことを懸念しているという印象を受ける。これは、ユネスコの制度に登録されることで、逆に観光客が増えてしまい、「地域の宝」が壊されてしまう「ユネスコサイド」現象に通じる危機感である（ユネスコサイドについては、コラム⑥を参照)。

筆者は、２０１４年から環境省の委員として世界遺産の登録に関わっているが、「奄美大島、徳之島、沖縄島北部及び西表島」が世界自然遺産に登録された２０２１年からは「西表島の観光管理計画改訂のタスクフォース委員」(２０２１~２０２３)、「西表島モニタリング評価委員」(２０２３~)も務めている。事務局や協議会で上がってきた計画案や評価案に対する助言を行うことが主な役割だが、世界遺産に反対している島に世界遺産登録の片棒を担いだ人間が関わるとなっては責任重大である。

私は適切な管理を行えばオーバーツーリズムは防げるし、地域の持続的な発展にも資するという立場だが、世界遺産になってしまうと「これまで通りの生活」を送ることは難しい。どうしても外国人観光客が増えるし、異なる言葉を話している人やお酒片手に騒いでいる人(時に水着姿の人)が島をうろついているだけでも、不安になるものである。西表島には若い頃から何度も旅行や調査で訪問しているが、世界遺産になった後、初めて西表島に行った際には、緊張したことを覚えている。それくらい、世界遺産という冠は、一つの島や村を変えてしまう可能性がある。それが「良い変化」なのか「悪い変化」になるかは、予測することが非常に難しい。[*26]

私が西表島における観光管理の委員になったのは、世界遺産登録に際して出された世界遺産委員会からの「宿題」（勧告）に答えるためであった。2021年に奄美・沖縄の4島が世界遺産に登録された際に出された勧告は下記の4つである。

・特に西表島について、観光客の収容能力と影響に関する評価が実施され、観光管理計画に統合されるまでは、観光客の上限を設けるか、減少させるための措置を要請する。
・希少種（特にアマミノクロウサギ、イリオモテヤマネコ、ヤンバルクイナ）の交通事故死を減少させるための交通管理の取り組みの効果を検証し、必要な場合には強化するよう要請する。
・可能な場合には、自然再生のアプローチを採用するための包括的な河川再生戦略を策定するよう要請する。
・緩衝地帯における森林伐採について適切に管理するとともに、あらゆる伐採を厳に緩衝地帯の中にとどめるよう要請する。

ここにある通り、「奄美・沖縄」の世界遺産登録に際しては、西表島の観光管理が一丁目一番地として挙げられている。また、アマミノクロウサギやイリオモテヤマネコ、ヤンバルクイナといった希少種の交通事故も観光管理に強く関係する問題であることを考えると、世界遺産委員会やユネスコが、世界遺産の観光管理を重視していることが理解できる。

西表島は自分で守る

私が委員会で驚いたことの一つは、竹富町の担当者が「西表島は自分たちで守る」と覚悟を持って語ったことだった。ユネスコから出された観光管理の宿題に対して取りう

※26 たとえば、西表島は世界遺産になることで、様々な自然保護規制が強化され、保護のための予算や人員が拡充された側面がある。世界遺産への登録とは関係なく、西表島ではオーバーツーリズムが顕在化していたため、世界遺産になることで、観光管理など厳しい政策を採ることができたともいえる。

る戦略としては、大きく二つある。一つは、西表島が国立公園であることから、知床と同じように、自然公園法の利用調整地区を用いて、「ピナイサーラの滝」をはじめとするオーバーツーリズムの懸念が高い場所の立ち入り許可制を実施するものである。

もう一つは、知床では断念された「エコツーリズム推進法」を用いて、法に基づく全体構想の策定と条例策定に基づく観光管理を推進するものである。エコツーリズム推進法には、「特定自然観光資源」という制度があり、エコツーリズム全体構想を策定し、その中で特定自然観光資源を指定すれば、指定区域内の立入制限等の規制措置を講じることができる。環境省が主体となる自然公園法とは異なり、エコツーリズム推進法は市町村が事務局を担うことが法に規定されており、条例の策定を伴うことで初めて法的拘束力を持つという複雑性の高い仕組みである。

過去には、「ケラマブルー」と呼ばれる美しい海で知られる、沖縄県の慶良間諸島（渡嘉敷村、座間味村）がシュノーケルやダイビングが盛んな慶良間諸島海域を「特定自然観光資源」に指定し、様々な規制をセットにした条例の策定を目指した。しかし、渡嘉敷村と座間味村の間で、観光管理に対する足並みがそろわず、今も条例に基づく法的拘

西表島の観光戦略

西表島の観光戦略とは、どのようなものだろうか。戦略は多岐にわたるが、人口2500人程度の島にしては、非常に野心的である。まず、特徴的なのが、島を「自然体験ゾーン」、「一般利用ゾーン」、「保護ゾーン」の3つに区分するゾーニングである。区域を分けることで、どこを守り、どこを観光客に見せるのかを明確に区別することができる。保護ゾーンについては、観光利用を行わない方針を設け、自然体験に供するフィールドを「自然体験ゾーン」（自然観光資源）とする。自然体験ゾーンの中でも、特に利用による影響が懸念される場所を「特定自然観光資源」に指定し、1日あたりの立入人数の上限を設定し、立ち入り事前申請の手続きと登録引率者同行の義務付けにより、厳格な入域制限を行うことが定められている。

■特定自然観光資源

西表島のどこが特定自然観光資源かというと、「ヒナイ川（200人）」、「西田川（1

00人)」、「古見岳(30人)」、「浦内川源流域(50人)」、「テドウ山(30人)」の5カ所であり、それぞれカッコ内の数字が1日あたりの立入人数上限とされている(2024年2月現在)。

これらのうちヒナイ川と西田川については、登録引率者(ガイド)が同行することが定められ、その他の3カ所については、登録引率者の同行ないし推進協議会の定める講習等を受講することが定められている。ヒナイ川と西田川は、西表島随一の観光資源である「ピナイサーラの滝」等に至る川であり、かねてより過剰利用が指摘されていた場所である。

■竹富町観光案内人条例(ガイド公認制)

また、西表島で特徴的なのが、島の陸域(河川域、海岸域を含む)で自然資源を利活用して観光ガイド事業を行う者は竹富町長の免許を受けることを義務付けた「ガイド公認制」である。免許を受けるには、西表島での事業実績や救急救命講習の受講証明、西表島内の公民館の所属証明(または地域振興等の実績の証明)、その他規則に定められた講習・研修等の受講が定められている。違反した場合、町長は当該者に対して指導・勧告、命令と公表措置を行うことができる。さらに、行政処分として一定期間の業務停止を命じることや免許の取り消しが可能となっている。

「誰でもガイドができる」状況の日本では、無保険で観光客を危険にさらしたり、タバコをポイ捨てしたりするような悪質なガイドが後を絶たず、地域の自然や文化、イメージ、人間関係等が壊されてしまう事態が多発している（特に沖縄県）。これを防ぐ意味でも、西表島では思い切った条例を策定することができた。なお、同条例は、ガイド1人が1日に案内できる観光客を8人、ツアー会社単位だと16人までに制限しているが、この人数規定が違憲であるとの訴えが、2024年2月に那覇地裁に提出されている。[※28]

※28　理由は、事業規模の異なる事業者に一律で案内客数の制限をかけることには合理性がなく、「条例の真の目的は小規模な地元業者の保護にある」というものである。違憲の訴えをおこした会社は、東京から来た若者らが立ち上げた島内最大のガイド事業者であり、竹富町や西表島が重視してきた自治会に加入しない等のトラブルを起こしていた背景があると聞いている。これまで通りの西表島を残したいという竹富町や地域住民の希望と、都市・経済の論理が真っ向からぶつかる事例である。

■入域手数料の徴収

竹富町では、西表島への入島者に対して、入島税を徴収するための条例策定を進めている。地方税法に基づく入域税は、2005年に沖縄県の伊是名村（伊是名島）が導入したものであり、2008年に同伊平屋村（伊平屋島）、2010年に同渡嘉敷村（渡嘉敷島）、2014年に同座間味村（座間味島）の4自治体が、法定外目的税として導入している。また、2023年からは広島県廿日市市が世界文化遺産である宮島への船客に「宮島訪問税」を法定外普通税として課すなど、各地で導入が進んでいる。これら5自治体での課税額は、1人あたり100円であり、乗船券への上乗せ徴収が行われている。特に沖縄県の先行4村においては、交通手段が原則的に村営フェリーに限られるため、条例を策定するのも村（首長と議会）、上乗せ徴収を担うのも村（村船舶課）と、決定と実施の双方が村であるという点が、円滑に導入を決めることのできた理由である。いずれの村も、中学生以下や身体障碍者等は課税対象から除外されているが、島民も課税対象となっている点が特筆される。

宮島訪問税は、着想から条例策定までに10年以上が経過したが、その理由として大きく二点が挙げられる。第一に、約1700名いる宮島の住民も通勤通学等で、廿日市市内や広島市内に向かうためにフェリーを日常的に用いており、先行例のように島民にも課税を行うことが現実的ではなく、どのように除外規定を作ることができるかが課題であった。

先行例である伊是名村や伊平屋村等は、通勤通学で沖縄本島に通う人が極めて少数であり、島民に対する課税も反発が少なかった経緯がある。次に、宮島へのフェリーを運航するのは民間企業の2社であり、これら民間企業が税の徴収義務を負うことに反発があったことが挙げられる。[*29] 最終的に廿日市市では、地方税法を所管する総務省との協議を重ね、島民を課税対象から除外することに成功し、インバウンド観光客が急増する中で、関係者の間で課税に対する理解が深まった点が成功の鍵であった。廿日市市が10年以上をかけてイニシアティブをとってきたことも重要な点である。

※29　特別徴収義務者による反発は、日本各地で起こっている。京都市の古都保存協力税（1985～1988）は、京都市内40寺社の参拝客に50円を課すものだったが、徴収義務者である寺社が反対運動、裁判、ストライキを行う等して、わずか3年で廃止された。また、福岡県太宰府市の「歴史と文化の環境税」（2003～）も特別徴収義務者とされた駐車場業者が税の徴収を中止し、税の凍結を求めて駐車場を無料化して対抗するなど、混乱をきたした。

同様に、西表島でも竹富町民を課税対象から除外する形で、法定外普通税を導入することを検討している。注目すべきはその金額であり、先行例がいずれも100円と廉価であったのに対して、西表島への入域者は1人あたり2000円が妥当であると同訪問税の審議委員会が答申した（2023年11月10日）。金額や開始時期、除外規定をめぐっては、今も議論が続いているが、早ければ2025年度中にも、史上最高額の入域税が開始されることになる。第4章でも話すように、国際的に見ると2000円という金額は決して高すぎるものではない。ただし、竹富島と縁が深い石垣島の住民や他自治体に住所を有する親戚も同額を支払うのか……等、今後も除外規定をめぐる議論は続くとみられる。[*30] なお、西表島には民間企業3社がフェリーを運航しており、乗船券への上乗せ徴収を行うにしても、その手間とコストが課題になるだろう。とりわけ、除外規定が複雑になればなるほど税を徴収する船会社の手間は増える。

■モニタリングと評価

西表島が進んでいるのは、こうした各種施策の効果や妥当性を確認し、改善するため、利用状況、自然環境の状態、利用の質、地域との関係といった点について定期的にモニタリングを行い、評価することを明記している点である。

一般に日本の行政はモニタリングや評価が不得手であり、「やりっぱなし」「見て見ぬふり」「他人任せ」といった印象を持つことが多いが、西表島では、専門家や研究者を委員に含めた「モニタリング評価委員会」を設置し、科学的・専門的な知見に沿って、順応的な管理を行うことを決めている。当然、関係する行政機関にとっては、仕事が増え、コストがかかるものだが、世界遺産登録の負の側面を抑えるためには必要なコストだと言えるだろう。これは世界遺産にならなければ実現しなかったことである。

２０２４年2月に行われた西表島モニタリング評価委員会で筆者が危惧として伝えたのは、この種の協議会や委員会が内向きになりやすいという点である。本来この種の委員会は、世界遺産の価値を守り、持続可能な観光を推進するために、観光客や観光事業者の行動変容を促し、地域住民の理解を得るための情報共有を行ったり、そのための情報を精査する役割を果たすべきである。委員会の成果が、観光客、観光事業者、地域住

※30　竹富町役場は石垣島にある。

民に対する積極的な働きかけのような「行動＝アクション」につながることが肝要だが、「科学」とか「評価」といった言葉が入った瞬間に、関係者は正確性や委員の顔色を追いすぎて、目的と方法を混同し、行動変容の対象である観光客や観光事業者、地域住民とのコミュニケーションを疎《おろそ》かにするきらいがある。

評価に際して、データの正確性や妥当性は常に重要であるが、これを重視するあまり、目的を見失っては元も子もない。モニタリングや評価には膨大なデータが活用されているが、これらを可能な範囲で公開し、誰もが目的を共有し、行動に移せるようなメッセージとすることこそ、真に求められていることであろう。

■快適観光カレンダーの作成・公表

オーバーツーリズムの抑制に必要なのは、観光客数の抑制というよりは、「分散」や「平準化」である。

突出して観光客が多くなる時期は、誰にとっても不愉快で、自然や地域への悪影響を及ぼしやすい。そして、オーバーツーリズムになってしまう日というのは、過去の経験からかなりの程度、予測がつくものである。逆に言えば、それ以外の時期に観光客が、まんべんなく分散すればよく、「オーバーツーリズム対策」は、「観光客は悪なので、観光客を減らしましょう」ということでは決してない。観光客の分散ができれば、年間の観光客数が増えることも十分にあり得る。これは富士山のように2カ月しか登山に適した日がない場所でも同様である。富士山登山客の約80%は、山小屋泊や弾丸登山を行う夜間登頂者であるが、朝に出発する日帰り登山客はわずか12%に過ぎない。[*31] 富士山の魅力は決してご来光だけではないし、山小屋のキャパシティを考えると、登頂を目的としない登山スタイルや早朝に出発して、夕方に戻ってくる登山が増えてもいい。そのどれもが富士山観光である。このように、特定の場所に一時期に人が集中する状況を抑制することは「ピークカット」と呼ばれる。

■キャパシティの整理

西表島では、ピークカットを促すために、特定自然観光資源の規制や入島税のような

※31 山梨日日新聞・静岡新聞の合同調査（2023年、サンプル数250件）

経済的な手法に加えて、快適観光カレンダーの提供によって観光客に時期を選んで来訪してもらう取り組みを行っているが、その背景にあるのが、キャパシティである。

西表島のような離島では、ゴミと上下水道が大きな問題となる。離島では、ゴミの焼却や最終処分に際して、必然的に許容量が小さくなる傾向にあるが、西表島では、一般廃棄物最終処分場である竹富町リサイクルセンターが設置されており、残余年数83・1年と2019年時点において、十分な年数があることが示されている。一方、上水道については、入域観光客が増加した2019年のゴールデンウィークに上原水道区で使用量が供給能力ぎりぎりに達し、節水の呼びかけが行われる事態となっている。

アイスランドの事例でも見たように、観光客は一時的な住人として公共インフラや公共財を島民と共に利用する立場にある。観光から利益を得ない人々にとって、観光客のために節水をしなければならない状況は耐え難いだろう。確かにインフラを改善することでキャパシティは向上するが、数十億円かけてインフラを整備する必要があるのか、それとも、観光客の数を抑えることで付加価値を高くして、地域をブランディングするのか……キャパシティは重要な問題を提起する。

コラム④　LCCには要注意

各地で「LCCが飛ぶようになると、質の悪い観光客が増える」という言葉を耳にする。実際に本や論文でもLCCがオーバーツーリズムの原因として指摘されているが、各地を見聞していると、その思いが強くなる。激安の航空運賃に釣られてやってくる人には、地域や自然のことを軽く考えている人が多いだろうし、地域の迷惑よりインスタ映えが大事だと思っている若者も多いだろう（24時間かけて小笠原に行く人とLCCで石垣島を訪問する人の環境意識を比較するアンケート調査をすれば、一目瞭然だろう）。

LCCのおかげでお金のない人でも旅行ができ、地域の経済が潤うという面もあるが、受け入れる側は、相応の対策を練っておかなければ、LCCがオーバーツーリズムのきっかけになることは想像に難くない。海外では、LCCが「パーティ・ツーリスト」と呼ばれる若年層観光客を誘引している点が指摘され、とあるドキュメンタリーでは、「若者はeasy jet（筆者注：LCCの航空会社）で木曜に到着し……クラブで安いドラッグをあおりながら、三日三晩踊り続けるんだ」という市民の声が挿入されている（阿部前掲書『ポスト・オーバーツーリズム』p．104）。

筆者もＬＣＣを使うことはあるので、ＬＣＣというビジネスモデルを批判しているわけではない。必要なのは、「訪問先では、訪問先に敬意を表し、ルールをしっかり守ってくださいね」というメッセージを兼ねた、ある種の「結界」である。

小笠原へ向かう24時間のフェリーにはこうした結界感があるのに対して、安く早く手軽に行ける場合には、単なる物見遊山、「旅の恥はかき捨て」の雰囲気が醸成されてしまう。旅先は、テーマパークでも遊園地でもなく、地域の人たちが日々の生活を営んでいる場所であるという前提を持ち、機内で啓発ビデオを見てもらうなど、積極的な情報戦略が欠かせない。その際、ＬＣＣをはじめとする交通各社の協力が不可欠である。実際に、日本トランスオーシャン航空（ＪＴＡ）では、機内で西表島の交通ルールを周知するビデオを放映するなど、啓発活動を行っている。

コラム⑤　竹富島憲章

西表島のある竹富町とは、どんな場所だろう。竹富町は、沖縄県の竹富島、西表島、小浜島、黒島、波照間島、鳩間島をはじめとする16の島々と広い海域を占める日本最南端の自治体である。もっとも人口が多いのは西表島だが、名称は同地域の文化的な中心地である竹富島に由来する。

その竹富島では、1968年に定められた「竹富島を生かす憲章案」、1978年に定められた「竹富町民憲章」を引き継ぐ形で、1986年に「竹富島憲章」が定められ、現在も島の基本方針となっている。下記は竹富島憲章の前文の一部抜粋である。

「全国各地ですぐれた文化財の保存と、自然環境の保護について、その必要性が叫ばれながらも発展のための開発という名目に、ともすれば押されそうなこともまた事実である。われわれ竹富人は、無節操な開発、破壊が人の心までをも蹂躙することを憂い、これを防止してきたが、美しい島、誇るべきふるさとを活力あるものと

竹富島の風景

して後世へと引き継いでいくため……

われわれは今後とも竹富島の文化と自然を守り、住民のために生かすべく、ここに竹富島住民の総意に基づきこの憲章を制定する」

この憲章では、前文に続き、第1条「保全優先の基本理念」など6条が定められている。「無節操な開発、破壊が人の心までをも蹂躙する」とは、自然や地域を無視して進める観光、つまり、オーバーツーリズムに通じるものである。こうした自然保護の歴史と、美しい島、誇るべきふるさとを守ろうという理念のある竹富町だからこそ、国に頼らずに自分たちでオーバーツーリズムへの対応を決めることができたのだろう。

竹富町以外にも、知床国有林伐採に反対して知床財団を立ち上げた北海道斜里町、日本で最初に有機農業を推進し、照葉樹林の森を守った宮崎県綾町、また、宿場町の文化的景観を守るために「売らない・貸さない・こわさない」の街並み保存運動を行った長野県妻籠宿のように、確かな理念と覚悟を持った地域がある。

こうした地域は、目先の利益は逃そうとも、半世紀を経て、様々な論文やメディアで高く評価されている。竹富島憲章でも謳われる「保全優先の理念」は、21世紀こそ参照される重要な理念である。

コラム⑥　ユネスコサイド?

ユネスコサイド（unescocide）とは、ユネスコ（UNESCO）と自殺（suicide）を掛け合わせた造語である。世界遺産をはじめとするユネスコの諸制度に登録することで、観光客が増加し、乱開発やオーバーツーリズムを引き起こして、結果的に地域の宝が失われてしまうことを主に指す。本来、ユネスコの諸制度は、「顕著な普遍的価値」(Outstanding Universal Valueを略して、OUVと呼ばれる)など、他に類を見ない特別な価値を守るために発案されているわけだが、逆に素晴らしい価値を失ってしまうという皮肉な現象である。筆者はユネスコ本部世界遺産センターやユネスコ日本政府代表部で在外研究を行い、ユネスコのプロジェクト主査を二度務めるなど、ユネスコの諸政策に関わってきたので、この言葉はとても頭が痛い。実際に、ユネスコが目指してきた理念と、現場で起こっている現象が真逆のものであることも多く、対応すべき課題は山ほどあると感じている。ただし、「ユネスコサイド」の本質は、ユネスコの問題というより、各国の政治家や観光振興に連なる利権団体の問題であるとも感じている。2022年には朝日新聞で「世界遺産、光と影」という特集が組まれた。その際に、筆者もインタビューを受けたが、要点は下記の通りである。

・近年、世界遺産の政治利用が目立つ。世界遺産の条件である「顕著な普遍的価値」

が科学的観点ではなく、世界遺産委員会の委員国に対するロビー活動によって判断され、登録の可否が決められる状況が増えている。
・世界遺産は諮問機関が科学的に評価するという「信頼」で成立してきた制度であるが、政治介入が増えることで信頼が失われ、世界遺産のブランド力が失われつつある。

多くの人は、「ユネスコ」と聞くと、莫大な予算と権限を持った巨大組織のように感じるかもしれないが、実際は人も予算も少なく、権限もほとんど持っていない事務組織に過ぎない。では誰が力を持っているかといえば、ユネスコ総会や世界遺産委員会での議決権を持っている「各国政府」である。ユネスコトップである事務局長は、ユネスコ総会において、各国政府代表の投票で決められるし、ユネスコに拠出する予算を握っているのも各国政府である。トランプ大統領の時代にアメリカがユネスコを脱退した瞬間、ユネスコの年間予算がひっ迫したように、アメリカや中国、フランス、日本、ドイツといった大国がユネスコで強力な力を持っている。いわば、各国代表が国会議員であり、ユネスコは事務方組織である。

パリにあるユネスコ本部

日本をはじめ一部の国では、「ユネスコ」というブランドが過大評価されているようにも感じる。「ユネスコ」という象徴的な存在を担ぐ人たちの思惑や構造をよくよく見てみると、首長選挙に向けて得点稼ぎをしようとする政治家や、世界遺産の登録運動で儲けたい各種企業などが「ユネスコサイド」を引き起こしている張本人として浮かび上がってくる。ユネスコの諸制度が、「価値を守るため」に設けられた手段である以上、これを用いる側が真摯にその理念と向き合う必要がある。

第4章　世界ではどのように観光客をコントロールしているのか？

パラオ――1万5000円を支払い、宣誓しなければ入国できない

オーバーツーリズムは日本だけの問題ではなく、世界中で大問題となっている。いったい世界ではどのようにオーバーツーリズムをコントロールしているのか。その方法と戦略を取り上げる。

ダイバー憧れの場所として知られるパラオ共和国は、フィリピンの東に位置し、屋久島ほどの面積に約2万人が住む小さな島国である。GDPの大半を観光産業に依存しており、年間観光客数約9万人のうち、約2万人が日本人とされる。観光客が目当てとする美しい島々は、「ロック・アイランド群と南ラグーン」として、2012年に世界遺産にも登録されている。

パラオでは、2018年1月1日より、入国に際してプリスティン・パラダイス環境税（通称PPEF）100ドルが課されている。これは、航空券への上乗せ徴収であり、パラオの美しい自然環境を保全するための経費に充てられるものである。外国人旅行客のみが対象であり、パラオ国民やその配偶者、外交官、乗継利用者等はパラオ入国時に

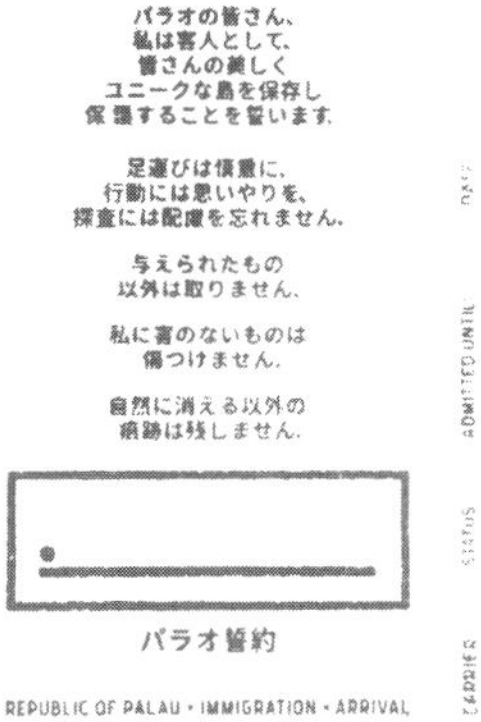
パラオの皆さん、
私は客人として、
皆さんの美しく
ユニークな島を保存し
保護することを誓います。
足運びは慎重に、
行動には思いやりを、
探査には配慮を忘れません。
与えられたもの
以外は取りません。
私に害のないものは
傷つけません。
自然に消える以外の
痕跡は残しません。
パラオ誓約
REPUBLIC OF PALAU • IMMIGRATION • ARRIVAL

パラオ誓約（出所：パラオ政府ＨＰ）

税金が還付される仕組みになっているが、パラオへの観光客は、誰もが入国するだけで1万５０００円を支払わなければならないのである。

かつて、パラオでは、出国時に環境保護税（Environmental Protection Fee、通称グリーン税）を外国人から30ドル徴収していた。この環境税は、連邦政府の保護区ネットワーク法（通称ＰＡＮ法）によって定められ、２００９年に導入されたものである。２００９年当初は15ドルだったが、２０１２年に30ドルに値上げされ、２０１８年に一挙に１００ドルに引き上げられたわけである。税金の使途は主にパラオの環境保全に用いられる。

さらに、パラオで興味深いのが、2017年12月から導入された「パラオ誓約」（Palau Pledge）である。前頁の写真にある通り、パラオに入国する際、外国人はパスポートに押されたスタンプの署名欄に署名を行うことが求められる。ここでは、7つのルールが定められており、美しいパラオをそのまま残したいというパラオの人々の願いが込められている。入国税の金額からも明らかなように、パラオ政府は、オーバーツーリズムの抑制を真に願っており、迷惑系ユーチューバーなど論外であることがわかる。

入域料も1万5000円⁉

パラオの税金はこれでは終わらない。なんと、入国のみならず、多くの観光客が訪問する世界遺産「ロック・アイランド群と南ラグーン」へは、入域の際に更に50ドル（約7500円／1ドル150円換算）が徴収される。また、パラオの世界遺産観光の目玉となっているジェリーフィッシュ・レイク（日本語で「クラゲ湖」）にも立ち寄る場合は、

ジェリーフィッシュ・レイクへの入域許可証。上下のパンチ穴で有効期限が示される

さらにプラス50ドル、つまり、計100ドル＝1万5000円が徴収される。一般的なツアー料金がだいたい100ドルなので、観光客は1回の世界遺産観光に200ドル程度を支払う計算になる。写真にある入域許可証は10日間有効なので、その間に何回もツアーに参加する場合は安上がりに感じられるが、多くの観光客は1回きりの参加となる（ツアーオペレーターや長期滞在者向けに半年有効の許可証もあり、値段は倍くらい）。

許可証発行による税収は2014年時点で、年間7億円程度だが、パラオの国家予算が70億円程度（当時）であることを考えると、その額の大きさが理解できるだろう。ただし、この税収は世界遺産地域を管理している「コロール州政府」の法律に基づくものなので、コロール州政府のポケットに入る。つまり、国家予算として各州に再配分されることはない。

なお、パラオは16の州に分かれており、コロール州は国内人口の半数以上となる約1万2000人が居住し、2006年に首都がマルキョクに遷都されるまでは首都の置かれた経済の中心地でもある。この環境税は、2000年に制定されたコロール州の「ロック・アイランド管理保全法」(以下、保全法)に基づいて徴収が開始され、当初は15ドル、2007年に25ドル(クラゲ湖にも入る場合は35ドル)、2012年に現在の税額に値上げされている。このように、パラオでは一貫して自然保護のために税金を上げ続けている状況がある。

誰がコストとリスクを引き受けるのか?

政策学の観点から興味深いのは、この許可証の販売を、エコツアーを催行している代理店が行わなければならず、許可証販売の代行事務にかかる手数料などは一切支払われない点である。また、仮に1日100人程度のツアー客をロック・アイランドに案内する場合、1日で150万円弱の「税金」を預かることになる。会社は許可証の販売手続きに大きな労力、人件費を割くだけでなく、多額の税金を管理し、州政府に届けるセキュリティ上の苦労も生じる。

つまり、環境税の徴収にかかる「コストとリスク」は事業者が負担していることになる。日本でも世界遺産をはじめとする多くの地域で同様の入域料を徴収することが検討されているが、現実には観光客の減少を危惧する観光事業者等からの反対が大きく、取れても数百円程度である。実際に、日本では社寺の拝観料に税金をかけようとした「古都保存協力税」が社寺のボイコットによって廃止された過去や、太宰府市が太宰府天満宮周辺の駐車場に税金をかけた「歴史と文化の環境税」に対して、駐車場事業者がボイコットした事例が有名である。いずれも、社寺や駐車場が法に定められる「特別徴収義務者」として、税を徴収、管理して納付する多大な手間が一つの障壁となって断念されている。

一方、コロール州は、日本とは桁違いの額を観光客に課し、その徴収コストも事業者負担にするという政府としてはかなり強気な政策を実現している。なぜ、環境税の徴収は実現したのか。理由はいくつかあるが、興味深い点として、保全法が制定される際のエコツアー事業者の反応の違いを挙げることができる。

事業者らは法律制定の前に、コロール州の公聴会に呼ばれたが、税の徴収に反対したのは日系の事業者のみで、他の会社は賛成だったという。自分たちのやるべき事務作業が増え、場合によっては観光客離れを引き起こすかもしれないにもかかわらず……。

重要なのは、経営戦略の違いである。たとえば、欧米系の観光客は数週間から数カ月間、長期でパラオに滞在し、何度もダイビングやシュノーケリングを楽しむのが一般的である。一方、日本人観光客は4日間程度の旅程で訪問し、ロック・アイランド等を駆け足で訪問していく。欧米のダイバーは美しい海をこのまま残したいという高い環境意識があることに加え、長期滞在・複数回利用であるため、許可証を有効に使うことができるという利点がある。

一方、日本人観光客は滞在日数が短いため、一度しか許可証を使うことがないので、許可証の割高感が強くなる。つまり、観光客の環境意識や観光客の行動パターンによっても、事業者の反応が変わってくる。日本人は「自然はタダ」と思う傾向にあり、環境税に対する忌避感が強いと言われるが、実際の観光行動や心理的側面も含めて多角的に見ていくと面白い発見がある。

台湾――富士山が真似すべき?　玉山の入域管理

混雑が常態化している富士山では、第37回世界遺産委員会（２０１３年）において、登山道の収容力を研究し、その成果に基づいて来訪者の管理戦略を策定することが勧告された。２０１５~２０１７年には、「富士山世界文化遺産協議会」（事務局：静岡県・山梨県）によって、管理計画の策定に向けた調査研究が実施され、協力金の徴収や混雑カレンダーの提供など、強制力のない手法を中心に様々な対策がとられた。しかし、同期間の登山者数は先述の通り大きく増加している（環境省関東地方環境事務所による八合目での調査結果）。

海外の国立公園では、自然環境の保護や利用体験の質の確保、安全確保の観点から、1日あたりの利用者数を制限することやガイドの同行義務付けを行うことが一般的である。たとえば、ニュージーランドのミルフォード・トラック（フィヨルドランド国立公園）では、1日あたりの利用者を90人（個人利用40名／ガイド同行50名）に制限し、許可制を採っている。

中でも注目に値するのが、かつて富士山を超える「日本一の山」とされた、台湾の玉山である。玉山は、大日本帝国時代に「新高山（ニイタカヤマ）」と呼ばれた標高3952mの山であり、多くの人には真珠湾攻撃の暗号として使用された「ニイタカヤマノボレ」が知られる。

なぜ、玉山が注目に値するかというと、富士山と同じくらいの標高であることに加え、日本の国立公園と同じ「地域制」という仕組みを採りながら、厳格な規制を実現している点が挙げられる。

地域制とは、端的に言えば「土地要件を問わずに公用制限を行う制度」であり、原則的に国公有地のみを国立公園に指定するアメリカやオーストラリア等に対して、管理者

図3：台湾における国立公園の分布と玉山国立公園の位置

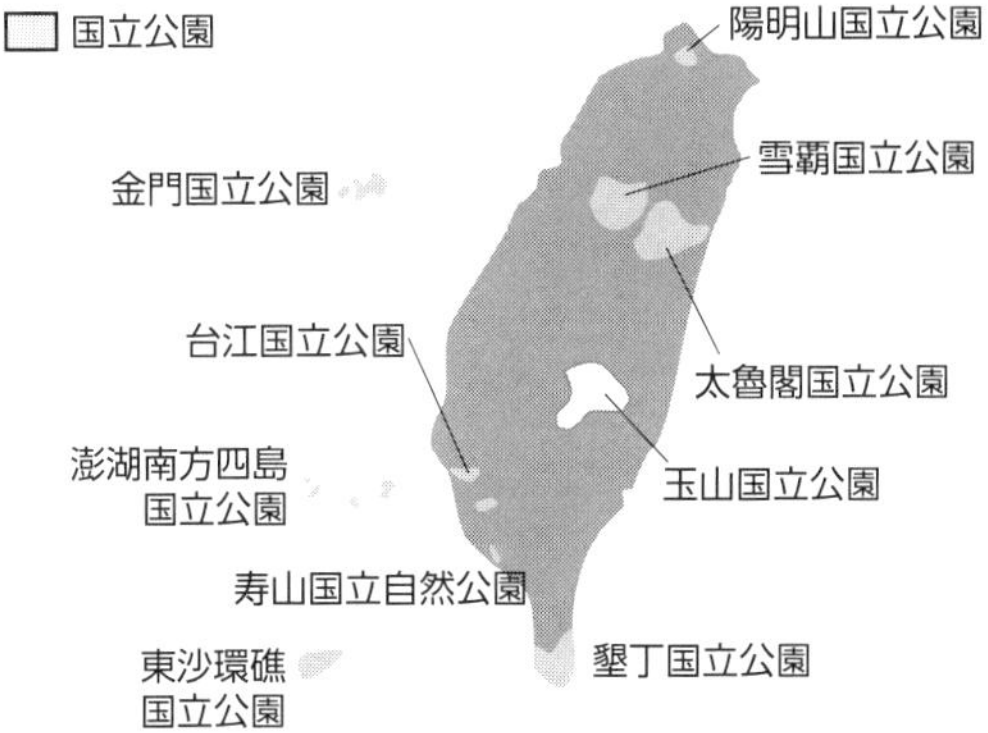

出所：田中・蕭2021

と地権者が異なることを前提とした制度である。歴史的に土地利用が複雑で高密度な国で採用されることが一般的で、日本以外では韓国やイギリスの国立公園が知られる。興味深いことに、台湾の国立公園は1937年の日本統治下において、当時の台湾総督府によって日本の国立公園制度を参考に指定されたため、土地要件を問わない「地域制」を採用しており、国立公園内に私有地や国有林など多様な土地利用を内包している。台湾内政部によると、台湾の国立公園の総面積は75万ha、国土の8・7%を占め、うち約88%が国有林であり、私有地が10%、所管官庁である国立公園署[*32]の所有地

表2：玉山登山のルートと1日あたりの上限

ルート	宿泊地	上限/日
玉山線当日往復	なし	60人
2～5日間滞在の玉山線	排雲山荘	116人
	圓峰山屋／キャンプ地	15人/9人

は0・71％にとどまる。日本の国立公園が国土の5・8％を占め、約6割が国有林、25％が私有地、0・4％を環境省が所管する状況と極めて類似している。[*33]

台湾を代表する山岳である玉山では、1日あたりの登山者数を200名に制限し、厳格な規制を行っている。この人数は、表2の通り、主要ルートにある宿泊施設「排雲山荘」の宿泊者（116名）に加えて、玉山登山道を日帰り往復する人（60名）、圓峰山屋／キャンプ地の宿泊者（それぞれ15人／9人）の総計である。もっとも人気が高く、一般的な登山手法は排雲山荘（1日116人）に泊まり、日の出を目指して登頂を行う方法である。

玉山登山道の許可取得方法

玉山登山道を利用する際には、玉山国立公園管理処から許可を得る必要がある（国立公園法第19条）。登山は通常期（4～12月）と降雪期（主に1～3月の3カ月程度）に分けられ、それぞれ申請の条件が異なるが、本書では通常期を中心に論を進める。排雲山荘（定員116名）の予約には、次の3つの手法が存在する。

① 外国人優先枠（24名／日。登山予定日の4カ月前から35日前まで先着順で申請受付。10名の外国人に対して2名の台湾人を登山ガイドとして含むことができる）

※32 台湾の行政組織では、「署」は日本における「庁」に該当。国立公園庁となる。また、「部」は「省」に該当するため、内政部は、日本風に言えば内務省である。かつて日本の内務省が「官庁の中の官庁」と呼ばれたように、台湾の内務省は地方自治（自治省）、治安維持（警察庁）、土地管理、移民政策を包含する強大な組織である。

※33 台湾の国立公園制度については、田中俊徳・蕭閎偉（2021）「台湾・玉山国立公園における玉山登山道の利用ルールと実施構造に関する研究」『人間と環境』47（1），2-15が詳しい。本書における玉山登山道の記述や図表は、同論文の一部に加筆修正を行ったものである。

② 一般抽選枠（92名／日。登山予定日の2カ月前から1カ月前の午後3時まで受付。登山予定日の1カ月前に抽選が行われる。毎日3時～4時が抽選時間のため、この間は一切の申請を受け付けない。外国人優先枠に外れた外国人も本抽選枠に参加することができる）

③ 追加申請枠（予約者が制限人数に満たない場合、入園予定日7日前までに申請書を提出し、不備がなければ先着順で申請を認める場合がある。入園予定日より5日以内での申請は認められない。ただし、人気の高い排雲山荘での適用は極めて稀である）

申請は全て隊（パーティ）単位での申請が求められ、1パーティの定員は1～12名である（降雪期は3～6名）。申請者が隊のリーダーを務める。これらは、ネット申請、事務所での窓口申請、郵送申請の3通りの手法が可能である。台湾国立公園のウェブサイトは、中国語、英語、日本語の3言語で表示されるため、日本人が日本語で申請することが可能である（筆者も実際に自分で申請を行った）。申請受付や抽選結果、繰り上

図4：玉山登山道の入域申請方法

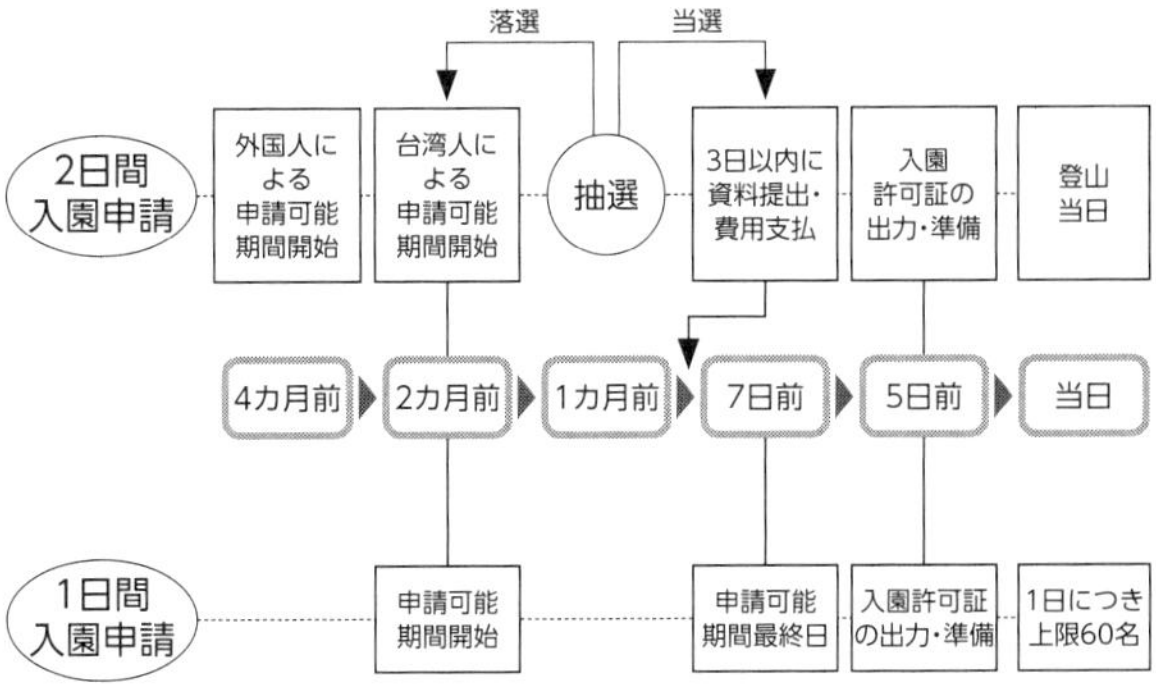

出所：田中・蕭2021

げ当選等の連絡は、すべて登録したメールアドレスに通知が来る。

申請の際には、登山ルートやGPS携行の有無をはじめ、パーティ全員の氏名、年齢、住所、電話番号、パスポートの写し、緊急連絡先等が必要であり、事後のメンバー変更は認められない（登山ガイドに限って「異動申請書」を提出することで変更が認められる場合がある）。

ウェブサイトには、申請資格として「登山隊リーダーとメンバーは３０００ｍ以上の登山経験者であること」が挙げられているが、証拠書類の提出は必要なく、チェックも行われないため、実際には３０００ｍ

級の登山を行ったことがない者も玉山登山を行っていると推察される。ただし、降雪期の許可申請に際しては、雪山登山経験の能力を証明する書類として、3000m級以上の登頂や縦走時の写真を提出する必要があり、隊のリーダーは雪山登山訓練の修了証書を提出しなければならない等、厳格なチェックが行われる。

登山者は、事前に登山安全教材による自主学習が強く推奨されており、「玉山E学苑」というオンラインによる事前学習講座も中国語・英語・日本語の3言語で構築されている（申請者は、申請時に事前学習を行った旨を自主申告制でチェックしなければならない）。申請料や安全教材の受講等の費用は一切不要であり、申請者の負担は、排雲山荘の利用料（480台湾元＝約2000円）のみである。富士山の山小屋利用料金（素泊まり）が約8000円で、台湾の物価を勘案しても安価だと言える。なお、外国人と台湾人で申請手法（先着制／抽選制）や申請時期（4カ月前／2カ月前）が異なるのは、早期に旅行計画を立てざるを得ない外国人にとって合理的で、ありがたい。

このように厳格な許可申請の手法を用いている一方、図5の通り玉山登山道の利用者数は増加傾向であり、高い人気を誇っている。排雲山荘を予約するための当選確率は低

図5：2009-2018年度における玉山登山道の利用者数（人）

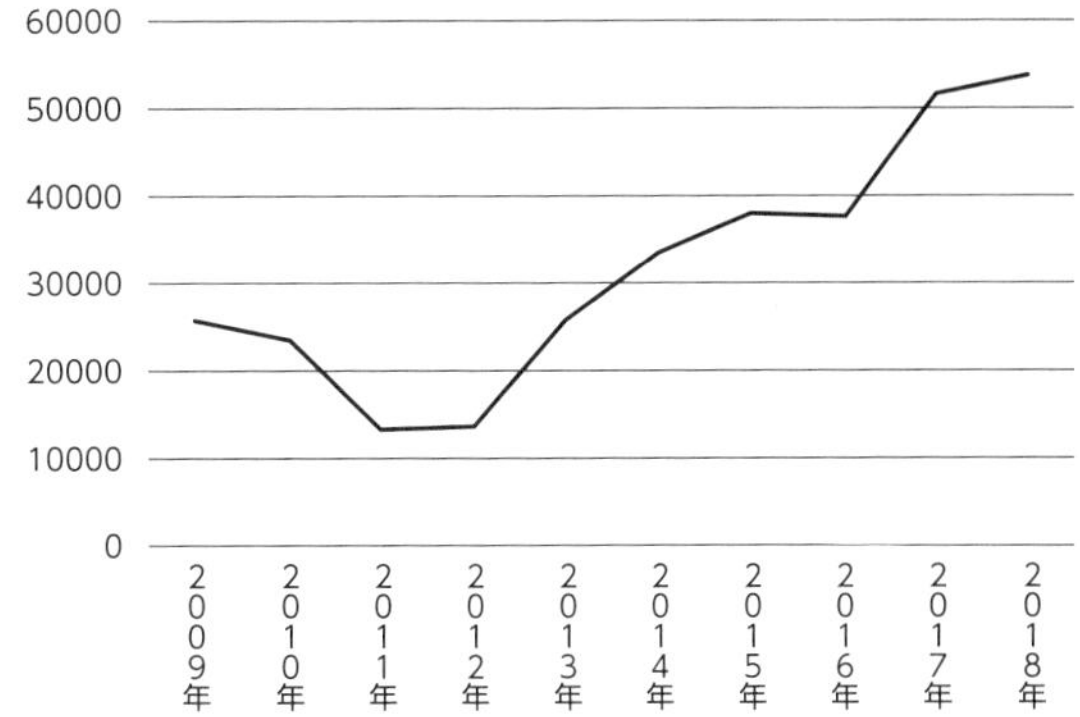

出所：玉山国立公園管理当局に対する質問票調査から作成

く、２０１９年度の当選確率は、週末で平均５・５％〜16・５％（通常期平均７・８％）、平日で平均14％〜57・３％（通常期平均23・７％）となっている。気候の安定する10月の人気がもっとも高く、寒さの厳しい４月や12月の人気は比較的低い（１〜３月は降雪期）。一貫して週末の方が当選確率が低くなっているが、常に許可数を超える申請があるため利用者数は年間を通じて平準化されている。登山者に占める外国人の比率は約６〜７％で推移している。

玉山は富士山と標高もほぼ同じだが、入山許可制をとり、事前学習を実質的に義務化するなど、オーバーツーリズムを抑制する仕組みが採られている。富士山でも、同様に、宿泊登山者、日帰り登山者別に1日あたりの上限を定め、予約制・入山料の徴収を行うことは可能である。宿泊登山者は、山小屋の収容力に合わせて上限を定め、日帰りの登山者数は、環境収容力に基づき予約制を採ればよい。玉山は、厳格なルールを採っても、分散が果たされて、トータルの登山者が増えている。

また、先述の通り富士山を「登頂する場所」に固定してしまってはもったいない。富士山は国立公園として豊かな森林、生態系が守られているため、頂上まで登らずとも、森林浴や溶岩流の観察等、様々な登山体験を用意することが可能である。広大な富士山で特定のルートだけが大混雑している必要はない。登山者を時間や場所に応じて広く分散させることで、登山者数そのものを大幅に減らすことなく、富士山の多様な楽しみ方が生まれるのではないだろうか。その際に、単にご来光を見るのではなく、信仰の山・富士山としての歴史や生態系などを学ぶことのできる真の意味でのエコツーリズムをより強化していくことも必要である。

ハワイ――ハナウマ湾の環境保護強化策

観光戦略として最先端をいっているのが、ハワイである。ハワイは日本人のみならずアメリカ本土やヨーロッパをはじめ、世界中の人が憧れるリゾート地であるからこそ、オーバーツーリズムの問題に向き合ってきた歴史がある。第1章で沖縄と対比して論じたように、沖縄が「数」を求めてきたのに対して、ハワイは「質」への転換を積極的に推進してきた。その結果、沖縄と同等の観光客数でありながら、2倍の滞在日数と3倍の平均消費額という「結果」につながっている。

ハワイの中でも特にオーバーツーリズムが懸念されてきたのが、ハナウマ湾（Hanauma Bay）である。ワイキキから車で約30分という好アクセスで美しいビーチとシュノーケリングを楽しむことができる場所のため、ハワイを訪問したことのある多くの日本人がこの場所を知っているだろう。私もここを二度訪問し、かつて所長を務めていたアラン・ホン氏に案内してもらいながら、課題などを学んだ。

ハナウマ湾は、火山の火口だった場所が静かな入り江となり、サンゴ礁や熱帯魚、ウ

美しいハナウマ湾

ミガメの観察に適した自然保護区である。一方、あまりに観光客が多く、ビーチは人で埋まり、入場するための長蛇の列が常態化し、観光客が使う日焼け止めの影響か、サンゴ礁の劣化が課題となっていた。

こうした中、ハナウマ湾では、2021年7月1日より、入場料をそれまでの12ドル（約1800円）から一気に25ドル（約3750円）に増額し、ハワイ在住者や12歳以下の子供は無料とした。また、2021年4月26日からは、オンラインでの予約システムが導入され、来場までに教育ビデオを視聴することが可能となった。従来は、来場者が必ず通過するビジターセンター（海洋教育センター）で視聴するものだったが、ビデオを見るために来場者の滞留が生じるため、事前視聴が推奨されているのである。

オンライン予約は、前々日の午前7時にオープンとなるが、多くの場合5分以内で売り切れてしまうほどの人気である。当日に直接来場することも可能だが、当日枠は限られており、オンライン予約が優先される。また、ハナウマ湾への入場時間も午前6時45分から午後1時30分までと制限され、それ以降の入場は禁止となっている（２０２４年2月現在）。また、月曜日と火曜日は自然保護のために休業日とされるなど、環境保全のための施策が積極的に採られている。１日あたりの最大人数も１４００人に制限されており、オーバーツーリズムが課題となっている沖縄の真栄田岬が参考にすべきモデルだといえる。

コロナ禍を経て誕生した「日焼け止め法」

ハワイはコロナ前から環境保全に熱心だったが、コロナ禍を経て、その傾向は更に強化されつつある。というのも、コロナ禍で期せずして観光客が大幅に減少したハワイでは、海の水質改善や野生生物の増加が見られ、「観光が環境に対してネガティブな影響を与える」ことを多くの人が認識するようになったためである。観光産業に対する打撃はたしかに大きかったが、コロナ禍に採られた様々な環境保全策や分散策が、そのまま引き継がれている。

もっとも有名なのが、2021年1月1日に施行された「日焼け止め法」である。これは、ハワイの海を守るために、指定禁止成分を含む日焼け止めの流通・販売を禁止するというもので、具体的には「オキシベンゾン」や「オクチノキサート」と呼ばれる成分を含む日焼け止めを禁止している。日本で売られている多くの日焼け止めクリームに含まれる成分で、サンゴの白化現象や生物の繁殖活動に悪影響を与えると考えられている物質である。世界では、毎年1万4000トンもの日焼け止めが海洋に流れ出ていると考えられており、ハワイ州のみならず、パラオやフロリダでも日焼け止めの禁止が進んでいる。これら二種類の成分を含んでいない日焼け止めはReef FriendlyやReef Safeといった表記がなされている。日焼け止めを全面的に禁止するのではなく、環境への悪影響が懸念される日焼け止めを禁止するという措置である。

マラマハワイ

ハワイはハナウマ湾やホノルル近郊にある「ダイヤモンドヘッド」や「マノアの滝」など、オーバーツーリズムのリスクが高い場所をピンポイントで規制するだけではなく、「マラマ＝思いやりの心」を重視したレスポンシブル・ツーリズム（責任ある観光）を推進している。ハワイ州観光局が提供するレスポンシブル・ツーリズムのウェブサイトには、下記のように書かれている。


美しい楽園ハワイは、永遠ではありません。

山から海まで、ハワイに生きる美しい自然や文化に「マラマ＝思いやりの心」を持って接すること。

レスポンシブル・ツーリズムは、そんな思いやりの心を旅の中で実践していく、新し

い観光のカタチです。

ハワイが何十年後も、何百年後も、素晴らしい楽園であるよう旅行者のみなさんだからできることがあります。

これまでオーバーツーリズム対策は、旅行者を受け入れる国や地域の政策として、規制・課金・情報といった手法を用いてコントロールが図られてきたわけだが、マラマハワイの取り組みは、旅行者自身に「責任を持って」観光をしてもらうことをメッセージとして発信する取り組みである。ウェブサイトでは「旅行者にできること」のコーナーを設け、２０２４年2月時点では、「マウイ島の山火事救援募金」、「アースデイのビーチクリーン」、「オヒアレフアを枯死問題から守ろう」[*34]、「ハワイの自然を守ろう～ゼロ・ウェイストを目指して～」などのページが設けられている。ハワイ固有の自然と文化を守るために、観光客である「私たち」に何ができるかに焦点をあて、様々なプロジェクトやツアー、イベントを紹介している。

これまで、観光といえば気楽に「消費」するものというイメージが強かったが、近年は地域の自然保護や文化保全活動への参加を希望する観光客が富裕層を中心に多く存在している。

日本でもインバウンドの将来展望として「モノからコトへ」の転換が議論されているが、自然や文化に負荷をかけるのではなく、地域のサポーターの輪を広げていくような観光の在り方にもっと注目が集まってもよいだろう。「ボランティア・ツーリズム」はその典型である。とりわけ国や自治体には、国際観光旅客税や宿泊税の使途として、観光による均一化やダメージを受けやすい自然や伝統文化の保全に対して積極的な展開を期待したい。

※34　オヒアレフアは、ハワイの固有植物。ハワイを代表する植物の一つだが、近年、真菌起因の感染症によって枯死する問題が発生している。

コラム⑦　ネパールの入域料と京都のバス問題

ネパールと言えば、世界最高峰のエベレスト山が有名である。エベレスト登山は、身体的な負担はもとより、経済的な負担がまず大きい。入山料だけで1万ドル（約150万円）を徴収するためだ。当然、ガイド費用や移動・滞在・運搬費用など様々な費用がかかるため、一般的にエベレスト登山には1000万円近くが必要とされる。

そんなネパールで興味深いのは、歴史地区や世界遺産への立ち入りに際して「外国人のみ」が入域料を支払わなければならない場所が多い点である。

たとえば、「ネパールの京都」とも言われる世界遺産・バクタプルでは、歴史地区への入域に際して、外国人に限り、1800ネパール・ルピー（約1800円）を支払う必要がある。歴史地区への入域経路は複数あり、ゲートも何もないのだが、観光客の見た目で判断しているのか、外国人が入ろうとすると、さっと人がやってきて、入域料を請求される。白人や日本人を見分けるのは簡単だろうが、インドやバングラデシュ等の周辺国の人とどうやって見分けているのかわからない。私をガイドしてくれたネパール人研究者の話によると、顔を見たらだいたい何人かわかるという。ネパール人は無料で、外国人が多額の入域料を支払うとなれば、地域の人々が迷惑と感じる度合いも減るだろう。これはハワイのハナウマ湾でも採られている仕組みである。

日本でも京都の祇園などオーバーツーリズムが懸念される地区で、外国人に限り入域料を課す区域を設けるという方法はあり得るかもしれない。しかし、日本にやってくる外国人旅行客の70%は、中国、台湾、香港、韓国といった近隣諸国からであるため、顔を見るだけで外国人か否かを見分けるのは至難の業である。かといって街中にゲートを設けると興醒めになってしまう。バクタプル方式をそのまま日本に適用することは難しいだろうが、「住民と観光客を区別する」という考え方は重要である。たとえば、京都の市バスは住民を優先して、観光客は観光バスに乗る、というような区別ができれば、双方とも安心して公共交通を利用することができるだろう。日本人がハワイで「ワイキキトロリー」のような観光バスに乗ることが多く、ホノルル市の市バスに乗ることが少ないように、両者を区分けすることが双方の不満を減らすことにもつながる。

２０２４年6月からは、オーバーツーリズム対策として、京都で「観光特急バス」の運行が開始される。運賃は通常の約2倍となる５００円だが、京都市から銀閣寺までの所要時間が20分ほど短縮されるなど、観光客にとっても利便性の高いものである。住民と観光客の区別ができれば、双方の不安や不満も軽減されるはずである。

オーバーツーリズム対策では、こうした双方のニーズに応えるようなサービスを推進することが重要だが、この「観光特急バス」が実現できたのは、国の規制緩和に他ならない。これまでの道路運送法では、バス運賃の決定などは原則的に認可制だったが、オーバーツーリズム対策として定期運航の観光路線については届け出のみで運賃を設定できるように施行規則の一部が２０２３年12月に改正されたのである。

このように、オーバーツーリズム対策の鍵となるのは、法律や行政、組織上の「軽微な変更」であることも多い。だからこそ、私たちは「こうだったらいいなぁ」「こういうことはできないのか」という願いや提案を共有して、「なぜ」それが実現しないのかを考えることが重要である。

第5章　地域や自然を壊さないために、私たちにできること

ずらす① 閑散期を狙う

本書で見てきたように、オーバーツーリズムは、特定の場所に多くの観光客が集中することで発生する。観光客が集まらないようにどうするか（予防）、もし観光客が集まった場合にどうするか（対策）……こうした政策は必要不可欠だが、私たち自身が責任ある観光客として「実践」できることもたくさんある。重要なのは、「ずらす」こと、そして、「みがく」ことである。

富士山や屋久島など各地で「混雑カレンダー」が作成されていることからもわかるように、オーバーツーリズムは特定の日に特定の場所で発生する傾向にある。ゴールデンウィークの新幹線や高速道路が混雑しているように、桜や紅葉の時期の京都、7〜8月の週末の富士山、ゴールデンウィークやお盆の屋久島……といったように、「混雑のピーク」がオーバーツーリズムを生じさせている。そこで、私たちにできることは、とても簡単、「混雑しているときは、できるだけ行かない」ということである。混雑が顕在化している観光地では混雑カレンダーを用意していることが一般的なので、ぜひ混雑カレンダーを参考にしてほしい。

また、混雑期に行くことは、自分自身も損をすることが多い。まず、繁忙期には、次のようなデメリットがあることを肝に銘じたい。

・値段が高い
・混んでいる
・サービスの低下
・本来の姿を楽しめない
・待ち時間が多くなる
・事故が起きやすい

とりわけ、「待ち時間が多くなる」という点には要注意である。たとえば、空港では、荷物預け入れの列に並び、保安検査の列に並び、観光地に到着しても、レンタカー貸出の列に並び、ホテルチェックインの列に並び……といたる箇所で待ち時間が激増する。

私の経験上、２泊３日の旅であれば、余計な待ち時間が４時間は生じるだろう。交通費や宿泊費が高い時期に行って、長時間待たされているようでは、あまりにもったいない。閑散期に行けば４時間余計にストレスなく遊べるということになる。繁忙期を積極的に避けることが、地域も自分も守ることにつながることを肝に銘じよう。

また、混雑が生じている場所は、群衆事故が生じたり、テロに狙われるリスクも高まる。地震や津波といった災害時にも避難が円滑に行えず、パニックが生じる可能性がある。日本では日ごろから防災訓練や緊急地震速報などが整備されているが、日本に来ている外国人の多くは防災訓練をしたこともなく、緊急地震速報が鳴ってもどうすればよいのかわからない。日本人も海外に行った際に、どこが危険で、どこに避難場所があるのかわからないように、観光客というのは災害時にもっとも脆弱な存在である。安全管理、危機管理の観点からもオーバーツーリズムは対策されるべき事象である。

ずらす② 朝晩を狙う

同じ繁忙期でも、人の少ない静謐な時間が流れるタイミングというものが存在する。たとえば、日本はサマータイムを実施していないので、5月から9月にかけては、朝の5時にはすっかり明るくなっていることが一般的である。6月の札幌は朝4時前には日が昇る。東京でも朝4時半には日が昇っている。この明るい朝の時間帯を使って、普段は人の多い公園や神社の境内を散歩するのは素晴らしい体験になるだろう。開園時間の決まっている観光地であっても、開園直後や閉園間際は人が少ないことが多い。

また、筆者は大学院生の頃に、研究の一環として、屋久島で有名なエコツアー会社でガイドの見習いをしていた。日帰りの縄文杉ルートは屋久島で一番人気のエコツアーだが、登山を開始するタイミングがほぼ同じ時間帯になるため、時期によってはとても混雑する。トイレも混雑、縄文杉の周辺も混雑……と、とても世界自然遺産にいるとは思えないような混雑となる。そこで、日程に余裕のある人には、早朝出発の日帰り登山ではなく、正午頃に登山口をゆっくり出発して、山小屋で一泊する登山を推奨していた。

このコースだと、往路はほぼ自分たちのグループだけ、翌朝も世界遺産の静謐な森を独り占めしている気分になり、帰りも誰もいない中をゆっくり帰れる特典があった。

混雑には必ず「構造」がある。その構造と少しずれた行動をとるだけで、混雑を避けることができ、分散に貢献することができる。それは地域や自然を守るだけでなく、自らの幸福にもつながる。

ずらす③　有給休暇を全て使う

そもそもゴールデンウィークやお盆に観光客が殺到してしまうのは、「有給休暇が取りづらい」という日本特有の課題が背景にある（外国人旅行客が２５００万人超とはいえ、日本人の国内旅行者数は約5億人である／２０２３年）。閑散期の平日に休みを取ることができれば、観光地にも喜ばれるし、旅行代金も安く、観光地が本来持っている雰囲気をゆったりと楽しむことができる。待ち時間はないし、サービスの低下も少ないだろう。[*35]

ドイツでは、観光客の集中を避けるために、州ごとに夏季休暇の時期をずらしている。日本でも2010〜2011年に民主党政権下で休暇分散化の検討がなされている。その際には、日本を東日本、南関東、西日本の3ブロックに分けて、10月に1週間ずつ休暇を分散して配置するものであったが、その後は進展がない。

しかし、重要なのは、国が旗を振って大きく制度を変えるまでもなく、「有給休暇を全て使う」雰囲気を醸成することだろう。日本人の有給休暇取得率は、OECD加盟国で最低ランクである。そして、何より不思議なのは、残った有給休暇は翌年にほぼ没収されてしまう点である。アメリカやオーストラリアでは、残った有給休暇は「勤務日」として計上され、給与に上乗せで支払われる仕組みが一般的である。有給休暇の全部取得が当たり前の国もある。日本でも週末に働いたら特別手当が出る。土日に働いたのに手当が出なければ「サービス残業」として、ブラック企業と呼ばれるはずである。

※35　注意を要するのは、閑散期にレストランや土産物店等が休業したり、スタッフを減らすなどしてゴーストタウン化する観光地があるケースである。これは通年雇用では赤字になってしまうという日本の観光業界特有の課題である。繁忙期はリゾートバイトなど若い人を中心に安く雇い、閑散期には数少ない正職員だけで営業するパターンである。これだと地元自治体に住民税を納める人は増えない。

それがなぜか、没収された有給休暇については誰も文句を言わない。私は、あまり権利意識を持ちすぎても、人は幸せになれないのではないかと思っているが、有給休暇については、「取れなくて当たり前」という考え方が浸透しすぎていることが気になる。これでは、いつまでたっても、ゴールデンウィークやお盆休みに人が集中しすぎる傾向を是正できないし、人々の福利にも貢献しないように感じる。私たちはこうした状況を当たり前と思っているかもしれないが、果たしてそうだろうか。

30年ほど前の日本で「24時間働けますか?」という有名なCMが流れていたように、サービス残業が当たり前、産休・育休などあり得ない時代があった。しかし、今ではサービス残業は悪で、産休・育休は取るべきものとなっている。人々の価値観は容易に変わる。同じように、有給休暇は使い切って当たり前の時代が必ず来る。これは仕事の無駄を見直したり、効率を再検討する好機であり、旅行時期をずらすきっかけにもなるはずである。観光産業が繁忙期のみの季節雇用ではなく、通年雇用できるようになれば、人々はその地に住居を構え、その地に住民税を支払うようになる。これは地方創生にも資する。ぜひ有給休暇を使って、「ずらす」ことを心がけてほしい。*36

ずらす④ 行先をずらす

タイミングだけではなく、行先をずらすことも重要である。近年は、スマホの位置情報のリアルタイム分析も発達して、レストランや観光施設の混雑状況がグーグル検索で瞬時にわかるようにもなった。こうしたビッグデータを用いて、タイミングをずらすことも重要だが、そもそも混雑している時期に混雑している場所に行かない、というのが鉄則である。特に、テレビやＳＮＳでトレンドになった場所に行って、誰もが同じような行動をとることも問題である。

テレビやＳＮＳでは人気が出た場所を一挙にこぞって特集・発信する傾向がある。都内でも、新宿や渋谷、原宿等で、異様な行列を目にすることがあるが、近隣店舗への入

※36　親が有給休暇を取っても、子供の小学校・中学校が……というご家庭もあるだろう。私も3人の父親なので、子供に学校を休ませたくない気持ちはよくわかる。近年はラーケーション（learningとvacationをくっつけた言葉）という仕組みも発案されている。愛知県では、事前に学ぶ日程、場所、内容の届けをすれば、平日に学校を休んでも、欠席扱いにならない制度である。おそらく日本全国に広がっていくだろう。旅は学びの多いものである。平日に休みを取らざるを得ない職業もある。人々の幸せを第一に考えれば、休みの取り方もより柔軟になってよい。

り口を塞いでいたり、通行する人の邪魔になるなど、近隣の迷惑になっているケースも多い。テレビやSNSは「数字を稼げたら良い」と安易に考えるのかもしれないが、数字のために迷惑をこうむる場所があることを共通の理解にしていくべきだろう。これは旅行だけではなく、レストランやファッション、研究など全てについて言えることである。

たとえば、「今行くべき○○ベスト10」とか、「今年のトレンド○○」のように、メディアはやたらと流行を作りたがるが、この種の広告、流行作りで得をしているのは誰なのか、そして、迷惑をしているのは誰なのかを考えることが重要である。*37 良い服を「長く着る」ことが一番エコであるように、旅先をファストファッション化させないことが、重要である。オーストリア政府が、「Visit Vienna, not #Vienna」というキャンペーンを行ったことを第1章でお伝えしたように、#（ハッシュタグ）やSNSに惑わされることがないように、くれぐれもご注意いただきたい。

みがく

オーバーツーリズムを抑制するには「ずらす」という数の分散はもとより、観光客の「質」も重要な要素となる。アムステルダムの街では、夜中に大声で歌ったり、路上で放尿……といった迷惑行為が悪名高いし、来日する外国人も飲酒制限エリアがないことをいいことに、路上飲酒を楽しんで、ゴミをそのまま放置するといった迷惑行為が盛んに報道されている。迷惑系ユーチューバーの悪行は積極的に立件すべきだし、富士山では長蛇の列を待ちきれない人がわき道にそれて、落石を誘発する事案も発生している。こうした犯罪行為や迷惑行為に加担しないことは言うまでもないが、重要なのは誰もが関係するちょっとした行動や心がけである。

※37　一部のメディアでは、オーバーツーリズム等を理由に「行くべきではない観光地」をリスト化しているし、ニューヨーク・タイムズは、毎年発表する「行くべき52カ所」において、２０２３年に盛岡市、２０２４年に山口市を選出している。両都市は、混雑を避けることのできる良質な訪問地として取り上げられている点が特徴的である。このように、メディアやＳＮＳは数字を稼ぐことではなく、分散に資する責任のある取り上げ方をする必要がある。

ツーリストシップ

「ツーリストシップ」（touristship）という言葉がある。これは、京都を拠点とする一般社団法人ツーリストシップを立ち上げた田中千恵子さんが提唱した言葉で、「旅先の人々へ配慮したり、旅先に貢献しながら、交流を楽しむ姿勢やその行動」とされる。スポーツマンシップという言葉から着想を得たとされ、下記が、ツーリストシップの具体例として挙げられている。[*38]

・自分のごみに責任をもつ
・時間にゆとりのある計画を立てる
・訪問先の文化やマナー・作法を先に学んでおく
・注意書きをよく読む
・住宅地に隣接するホテルに行くときは、夜中の移動を避ける（スーツケースの騒音迷惑を避けるため）

・宗教や信仰など、住民が大切にしているものは、しっかり大切にする

いずれもごく当たり前のことだと感じられるだろうが、旅行が「誰かの暮らしている場所にお邪魔すること」という感覚を持つことは、オーバーツーリズムの抑制においても重要な視点である。旅先の解放感からか、旅の恥はかき捨てとなりやすいし、高いお金を払っている自分は「お客様」なのだという感覚が生まれやすい。しかし、そんな観光客は「ダサい」し、迷惑な時代になっている。

ハワイの「マラマハワイ」にも通じるが、その地に長く住んできた人に敬意をもって、「お邪魔している」という感覚を忘れてはいけない。ましてや、数百年、数千年かけて育まれた豊かな自然を観光客が壊していいはずなどない。

※38　田中千恵子『ツーリストシップ』（ごま書房新社　2023年）も参照

「何を買うか」をみがく

私たちが観光客として、オーバーツーリズムの抑制に貢献できる顕著な方法、それは、「地域や自然に良いものを買う」ことを心がけることである。

たとえば、日本では誰もが「エコツアーガイド」を名乗れることを本書で指摘した。中には、無店舗・無保険で技術やノウハウを持たない、嘘っぱちの「エコツアー」がたくさん存在する。こうした会社は、広報戦略に長けており、「映える」写真を使ってウェブサイト検索で上位に来るように設定したり、大人数を案内したりすることで価格を抑えるなどして、「よく売れている」ことがある。逆に、ガイド技術の向上にたくさんの投資を行い、自然への負荷を軽減するために少人数でツアーを行うような優良なガイドは、どうしても金額設定が高くなってしまう。どちらを選択すれば地域や自然を守ることに資するかは明白だが、現実には観光客として、その違いを見分けることは難しい（「情報の非対称性」という）。

そこで、エコツアーに参加する際には、自治体の認定を受けている「認定ガイド」を積極的に選ぶようにすることが求められる。屋久島や奄美大島、知床、小笠原など、世界自然遺産に登録されているような地域では、こうした認定ガイドが存在する。「安かろう悪かろう」の悪質なガイドにつかまって大切な旅行を台無しにしてしまわないためにも、こうした認定ガイドを使うことが、大切である。

また、オーバーツーリズムが懸念される沖縄県では、「保全利用協定」という沖縄県知事が法律に基づいて認定しているエコツアーも存在する（コラム⑧参照）。保全利用協定は、地域の自然を持続的に使いたいと考える事業者の自主ルールを沖縄県知事が認定するもので、2024年2月までに11件が認定を受けている。世界遺産・西表島の仲間川や宜野湾沖のサンゴ礁、宮古島の鍾乳洞などが認定を受けているが、当該地域でエコツアーに参加する場合は、保全利用協定に参加している事業者を選ぶことが、地域や自然を守ることにもつながる。

お土産はパッケージではなく、「裏側」を見る

「どんなお土産を買うか」も重要である。お土産の中には、表面のパッケージだけ「ご当地風」を装って、原材料や加工地ははるか遠くの離れた場所……ということが多々ある。こうなると、どれだけお土産をたくさん買っても、地域にはほとんどお金が落ちていないことになる。地域にお金が落ちないと、観光で地域が潤うことは少なく、地域の人は「観光は迷惑だ」と思ってしまう。

一方、原材料の調達や加工を現地で行っているお土産を買えば、地域の人が観光の恩恵を実感することができる。自分は観光業に携わっていなくとも、親族や友人が土産物の原材料を作る農家さんだったり、加工場でパートをしている……といった場合、地域の人も観光のメリットを実感することができる。つまり、お土産を買うときはパッケージではなく「裏側」を見て、原材料や加工場が地域から来ているかを確認することが大切である。地域の原材料を使って地域の加工場で作られているということは、流通・運搬にかかる輸送コストも少なく、二酸化炭素排出も少ないので、地球環境にも優しいと

いうことになる（遠くで作られているお土産料金の20％は輸送費だと思えばよい）。

観光客が必ずお世話になるホテルやレストランも同じである。旅先では、東京に本社のあるチェーン店は避け、地域資本のホテルやレストランを積極的に使うことが大切である。大手資本ならではの安心感やサービスを否定するものではないが、旅行者の行動がどのように地域にプラスになり、マイナスになるのかを知っておくことが重要である。

私たちが、観光客としての意識やモラル、購買行動を「みがく」ことで、観光が迷惑産業ではなく、地域の人からも愛される産業に育つことになる。それは、結果的に、オーバーツーリズムという現象を緩和することにもつながるのである。

「国の光」を食いつぶすことがないように

人々が自然や文化に触れ、感動し、様々なことを学び、健康的な生活を送ることは素晴らしいことである。旅行は、交通、宿泊、飲食、お土産といった裾野の広い産業を刺激し、経済の活性化に貢献することも期待される。日本は人口減少時代を迎え、少子高齢化、過疎化が言われて久しいが、地方の高齢化、人口減少は驚くべきスピードで進んでいる。かつて観光客でにぎわった温泉街や国立公園では、廃墟や廃屋、耕作放棄地、荒廃した山林などが目立っている。

観光産業は、こうした場所に活気を取り戻し、雇用を生み出すことで、自然や文化を守るインセンティブを形成する力になると私は考えている。なぜなら、「観光」という言葉が、元来、国の自然や文化、風俗、産物、暮らしなどをよく観察し、見聞を広めることを指す「国の光を観る」という意味に由来し、自然や文化は「国の光」にほかならないためである。重要なのは、一部に観光客が過度に集中して迷惑産業になってしまっている状況を適切にコントロールし、分散させることである。そのためには、地域や自然に過度な負担を強いている現状を是正することが不可欠である。

私はこれまでに世界60カ国以上、日本全ての都道府県をまわっているが、日本の地方都市、農村、離島は、世界のどこにも負けない美しい風景、文化、食に恵まれていると実感している。治安が良く、清潔で、穏やかな人々が多いのも日本の特徴である。旅慣れた人がパリやローマではなく、フランスやイタリアの農村を好むように、日本の農村や離島の魅力は飛びぬけている。

一方、農村や離島では、人口減少、過疎化が進み、文化や風景、インフラを維持できない状況が生じ始めている。一部に集中しているインバウンド観光客を分散させ、その先々でオーバーツーリズムの問題を生じさせないよう、予防的に対策を練ることが求められる。本書で論じたように、オーバーツーリズムの抑止に貢献できる自然公園法やエコツーリズム推進法の積極的な活用に加え、観光立国を推進する政府が、オーバーツーリズムを予防するための計画策定を都道府県や鉄道・航空各社に求め、財政的な支援を行うことが不可欠である。

日本が「観光立国」の名の下、観光産業を基幹産業の一つと位置付けるためには、繁忙期と閑散期の差をできるだけなくして、安定した雇用環境を提供すること、1人あたりの滞在日数と消費額を向上させ、地域や自然への負荷を減らし、付加価値の向上へと舵を切る必要がある。ビジネスにおいては、「良いものを真っ当な価格で売る」という当たり前のことを実践することであり、政策においては、観光客の適切なコントロールを行うために法と政策を最大限活用するということ、そして、私たち市民は、スマホや

ＳＮＳに過度に依存せず、地域と自然に敬意を持って接するということが必要である。「国の光を観る」はずの観光が、日本の光を食いつぶすことがないよう、私たちは真剣に考える必要がある。

コラム⑧　保全利用協定

保全利用協定は、2002年に制定された「沖縄振興特別措置法」の第21～25条に規定されている。端的に言えば、「特定の地域を利用するエコツアー事業者が共同で定めた自主ルールを沖縄県知事が認定することによって持続的なエコツーリズムを推進するもの」である。当時、沖縄県ではエコツーリズムが人気を集め始めており、沖縄県の自立的発展を企図する同法が、いち早く「持続的なエコツーリズム」を推進する制度を設けた。保全利用協定の特徴である「自主ルールの認定」という手法は、従来の規制的手法とは異なり、事業者の自主性・主体性に基づいた合意形成や実施が行われるため、政府によるイニシアティブが十分に期待できない地域（たとえば、国立公園の外）でも柔軟に導入できることが期待される。事業者間で自主的なルールを定めることで持続的な利用を促す仕組みとして考案されたのが保全利用協定である。

2022年3月時点で、8つの保全利用協定が発効しており、うち5つが特定の河川における動力船やカヤックの利用（仲間川、比謝川、大浦川、吹通川《ふきどう》、普久川）、

2つが特定の海域におけるダイビングやシュノーケリングの利用（白保サンゴ礁、ジャナビシ）、1つが山地の利用（伊部岳）に関する協定となっている。

それぞれの利用ルールは、地域で多少異なるが、カヤックであれば、1ガイドあたりの隻数や同時に運航できる隻数が規定されており、遊覧船の場合は、巡航速度の制限、トレッキングでは、ガイド1人あたりの人数制限等が定められている。加えて、野生動植物の採取の禁止や事業者による定期的なモニタリング、清掃活動が各地に共通してみられる。また、保全利用協定の特色として興味深いのは、自然環境のみならず、地域への配慮として、迷惑駐車の禁止や環境協力金の支払い、行事への積極的な参加等を定め、地域に根差したエコツーリズムを推進する意識が強い点である。

単なる規制やインセンティブではなく、事業者の自主的なルールを県知事が認定するという学術的にも興味深い事例である。同制度は、様々な課題を抱えているが、今後、奄美群島振興開発特別措置法や離島振興法といった同様の法制度に反映することができるのではないかと考えている。

おわりに

14歳の時、アメリカのカリフォルニア州に短期留学し、ヨセミテ国立公園に行った。その時の感動を昨日のことのように覚えている。すごい、美しい、天国みたいだ。

これが当時の素朴な感想だった。どうすれば、こんなに美しい場所をいつまでも守ることができるだろう。どうすれば、こんな感動を多くの人が得られるだろう。そう考えた私が世界遺産や国立公園、観光管理の研究に進んだのは必然だったかもしれない。

一方、10代の私は、日本各地で自然が壊されていることが気になっていた。生まれ育った鹿児島県大隅半島はとても美しい場所なのに、どんどん自然が壊されていた。道路拡張で私の実家の裏山が根こそぎ崩されたときの衝撃は今も忘れない。数百年生きたであろう巨木の根っこが宙を向き、無残に放置されていた。何かがおかしいのではないかと思った。しかし、雇用がなければ人が生きていけないという現実もある。あの時以来、私は自然や文化を守ることが、雇用につながる未来を夢想している。
観光は諸刃の剣だが、10代の私が感動し、自然保護を志したように、未来につながる投資になると思っている。自然や文化を守り、引き継いでいく動機付けにもなる。観光を悪者にしないためにも、適切なルールとコントロールが不可欠である。

最後になるが、本書は多くの方のご支援、ご協力によって執筆することができた。国内外各地でインタビュー調査をさせていただいた方々、現地の案内をしてくださった方々、私の研究活動に最大限の理解とサポートをしてくれている家族に心より感謝したい。また、研究活動は、様々な団体の資金提供によって成り立っている。下記に列挙して、感謝の意を表する。

〈日本学術振興会〉
2018～2023年　国立公園における利用ルールの策定及び実施過程に要する取引費用の比較分析（科学研究費補助金）

２０１５～２０１８年　自然観光資源の持続的管理に資する政策手法の実証分析：間接的手法に着目して（科学研究費補助金）

〈民間財団〉

２０１４～２０１５年　持続可能なエコツーリズムを実現する：沖縄県振興特措法に基づく「保全利用協定」を対象とした環境ガバナンスの研究（ニッセイ財団）

オーバーツーリズム解決論
日本の現状と改善戦略

著者　田中俊徳

2024年6月25日　初版発行

田中俊徳（たなか　としのり）
九州大学アジア・オセアニア研究教育機構　准教授
1983年鹿児島県出身
京都大学大学院修了（博士／地球環境学）。ユネスコ本部世界遺産センター及びユネスコ日本政府代表部にて在外研究。北海道大学大学院法学研究科特任助教、東京大学大学院新領域創成科学研究科准教授等を経て、2021年4月より現職。専門は、環境政策・ガバナンス論。近著に「森林環境2024：人新世の生物多様性」（森林文化協会）、「自然保護と平和構築」（文化科学高等研究院）など。

発行者　横内正昭
編集人　内田克弥
発行所　株式会社ワニブックス
〒150-8482
東京都渋谷区恵比寿4-4-9えびす大黑ビル
ワニブックスHP　http://www.wani.co.jp/
（お問い合わせはメールで受け付けております。
HPより「お問い合わせ」へお進みください）
※内容によりましてはお答えできない場合がございます

装丁　小口翔平＋村上佑佳（tobufune）
フォーマット　橘田浩志（アティック）
校正　東京出版サービスセンター
編集　大井隆義（ワニブックス）

印刷所　TOPPAN株式会社
DTP　株式会社 三協美術
製本所　ナショナル製本

ISBN 978-4-8470-6705-1
WANI BOOKOUT　http://www.wanibookout.com/
WANI BOOKS NewsCrunch　https://wanibooks-newscrunch.com/